BERNDT SCHULZ

MICKEY ROURKE

MOEWIG

Bildquellennachweis
Pandis-Media/Angeli: S. 7, 17, 63
Pandis-Media/People in Pictures: S. 8, 11
Pandis-Media/Sygma: S. 10, 13, 22, 38
Pandis-Media: S. 19, 46, 65
Inter Topics: S. 1, 26, 27, 29, 36, 41, 61, 70, 73
Alle restlichen Abbildungen: Deutsches Institut für Filmkunde, Frankfurt a. M.

Originalausgabe

Textbearbeitung: Dr. Petra Gallmeister
Umschlagentwurf und -gestaltung: Erika Genseder
(unter Verwendung eines Fotos von Angeli/Pandis/Herve)
Innenlayout: Adolf Heinzlmeier
Druck und Bindung: VPM, Rastatt
Printed in Germany 1990
ISBN 3-8118-3058-9

Inhalt

Das Idol

Man hat ihn den James Dean der Postmoderne, den Marlon Brando der neunziger Jahre genannt. Der neue Star aus Hollywood ist mehr und weniger zugleich: Er ist er selbst, unverwechselbar Mickey Rourke.

Seit seinen ersten großen Rollen trägt dieser auf der Leinwand ungeheuer präsente Star einen proletarisch-coolen Gestus zur Schau, der ihm eine riesige Fangemeinde einbrachte: Sie sieht in diesem Rebellen ihren Mann vor Ort in Hollywood.

Rourke spricht schleppend, er geht, als seien ihm die Jeans zu eng. Wie ein Macho der Arbeiterklasse fläzt er sich in jedes Bild, das die Kamera von ihm einfängt. Den gierigen Medien wirft er seine lakonischen Statements hin.

So schlampig wie er sieht keiner sonst aus. So viel jungenhaften Charme und erotisches Flair kann kaum einer der anderen Hollywood-Stars bieten, die zur Zeit als Schönlinge und Champagnerbabys, als schauspielerische Berserker oder auch nur als einfache Abkassierer auf der Leinwand erscheinen.

Am besten wirkt Rourke, wenn er widersprüchliche Charaktere verkörpert. Der Good-bad-boy entspricht seinem Stil, der Mann also, der alles andere als einspurig ist, der gute und schlechte Seiten nahtlos verbindet.

Von seinen ersten großen Erfolgen, etwa in *Rumble Fish*, wo Rourke mit existentialistischem Lächeln und einer Post-Punk-Struwwelfrisur als letzter Motorcycle Boy beeindruckte und als Verkörperung des modernen Kinos haftenblieb, über den wüsten Exhibitionismus

eines in der Gosse liegenden poetischen Schnapsheiligen in *Barfly – Szenen eines wüsten Lebens* bis hin zum smarten Ladykiller und Gefühlspiraten in *Wilde Orchidee* – Mickey Rourke ist ein Star, der jede schauspielerische Herausforderung annimmt. Geprägt vom »method acting« des New Yorker »Actors' Studio«, eilt er von Glanzleistung zu Glanzleistung. Von Skandalen ist bei diesem Star fast nichts zu hören, ein Skandal liegt höchstens in seinem rastlosen und getriebenen Leben auf der Leinwand.

Rourkes unergründliches Dauerlächeln ist mittlerweile zu seinem Markenzeichen geworden. Ebenso die ungehemmten erotischen Dialoge, die er wie kein zweiter führt. Sein Image als unangepaßter Außenseiter und Rebell in der Traumfabrik kommt darin zum Ausdruck, das noch durch Erlebnisse in seiner Jugend genährt wird, wo er in Miami hart an den Rand einer kriminellen Existenz geriet. Noch heute zieht Rourke in Gesellschaft die Tough guys in Leder den Party-Löwen aus Beverly Hills vor, und wenn er tagelang einfach verschwindet, wissen die Insider, daß er mit den Bikers von den »Hell's Angels« auf einem Hochlenker-Motorrad über die Landstraßen von Kalifornien rast.

Dieser Mann hat Helden in existentiellen Krisen und Terroristen der Liebe gespielt, Patriarchen der Erotik und auch deren Opfer; nur er konnte soften Sadismus, der wie ein Fitneßprogramm wirkt, auf die Leinwand bringen oder Bullen der hartgesottensten Sorte, wahre Ekel im Einsatz, verkörpern. Düstere Killer mit großkalibrigen Revolvern sind ihm in der Darstellung ebenso gelungen wie der heilige Franz von Assisi.

Mickey Rourke kann, wenn er will, allein durch sein Gesicht eine Rolle ausfüllen, aber auch härteste Action zur Rolleninterpretation nutzen. Und wenn es notwendig ist, überzeugt er mit einer schauspielerischen Leistung, die alles vorführt, was an guten und teuren Schauspielschulen erarbeitet wird. Es scheint für diesen Mann derzeit überhaupt keine Grenzen zu geben.

Sonnyboy Rourke mit dem öligen Haar kann wie ein Chamäleon Haltung, Aussehen und Auftritte verändern. Er kann seine natürliche Präsenz, die sehr stark ist, völlig zurücknehmen, wenn es nötig ist, aber auch so sehr

betonen, daß er seine Partner an die Wand spielt. Manchmal steht er massig und muskulös im Filmbild wie in *Barfly*, manchmal schlank und grazil wie in *9 1/2 Wochen*.

Er stand schon zynisch, resigniert und hoffnungslos wie ein einsamer Tiger im Dschungel des nordirischen Bürgerkriegs und auch lebensprall am Tresen einer Bar in Los Angeles. Er präsentierte die erfolgreiche Mixtur aus Coolness, sensibler Nachdenklichkeit und Lebenshunger, aus phlegmatischer Lässigkeit und Halbstarkenallüre ebenso wie die überforcierte Tour, die Psyche und Motivation einer Rolle systematisch zu ergründen und damit zu überzeichnen. All das kann und macht er mühelos.

Mit einer Vehemenz ohnegleichen stürzt sich der Star in seine Filme. Er scheint einiges aus seiner verkorksten Jugend wegspielen zu müssen. Manche Kritiker glauben, Rourke suche noch immer nach seinem Vater, den er in seinem Leben gewissermaßen zweimal verlor, zuletzt endgültig. Rourke selbst hüllt sich in Schweigen. Aber ein Vollblut-Schauspieler wie er sollte derartige Interpretationen auch gar nicht nötig haben.

Mickey Rourke hatte das Glück, mit viel »Vergangenheit« ans »Actors' Studio« zu kommen, dort eine Menge zu lernen und die richtigen Agenten zu treffen, die ihn klug berieten. Er schaffte es, seine persönlichen Manierismen zu Markenzeichen zu machen, die das Publikum immer wieder sehen will.

Seine starke Persönlichkeit, die Anpassung verhindert, sorgt dafür, daß er die auseinanderstrebenden Momente und Erfahrungen seines Lebens, seine Stärken und Schwächen zusammenhält. Jenseits aller Etikettierungen bleibt Mickey Rourke damit ein Star, dem sich die Zuschauer mit ihren Wünschen und Sehnsüchten für die Dauer eines Films gern überlassen. Oder auch für länger, denn inmitten der zunehmenden Stilisierungen einer Glitzerwelt aus Zelluloid und Elektronik wirkt er wie einer, der Zuverlässigkeit und Charakterstärke aufbringt – selbst dann noch, wenn er den Sperrigen, Schwierigen, Schmuddeligen und Wüstling, den Unmanierlichen und den bösen Buben mimt. Er bringt die Botschaft rüber: Bleib ehrlich zu dir selbst!

Zeit für Rebellionen

Mickey Rourke hat früh begonnen, an seiner Legende zu strikken. Er will als Rebell und Außenseiter erscheinen, dem die Öffentlichkeit egal ist. Das geht soweit, daß nicht einmal sein genaues Geburtsdatum bekannt ist. Die Angaben schwanken zwischen dem 16. September 1954 und dem gleichen Tag des Jahres 1951. Rourke selbst hüllt sich in Schweigen.

Immerhin ist der Geburtsort bekannt: Schenectady, eine Kleinstadt im Staate New York. Philip Andrew Rourke – Mickey ist sein Spitzname, den der Schauspieler später zum Künstlernamen machte – kam in einem krisengeschüttelten Elternhaus zur Welt. Der Junge wuchs in den ersten Jahren praktisch bei seiner Großmutter auf, die glücklicherweise nur einen Stock tiefer wohnte. Hier schaltete Mickey den Fernseher an und zog sich gierig Spielfilme rein, denn so waren die Ehekräche seiner Eltern im Stockwerk darüber am besten zu überhören.
Seine Eltern ließen sich schließlich scheiden. Mit der Mutter, den beiden Geschwistern und der Großmutter zog Mickey nach Miami. Dort entwickelte sich der Alltag zu einem wahren Überlebenskampf. Seine Mutter heiratete bald wieder – einen Polizisten mit drei Kindern. Beide Familien zo-

gen zusammen in eine enge Wohnung, und Mickey mußte lernen, sich zu behaupten.

Später hat er die Jahre in Florida als die schrecklichsten seines Lebens bezeichnet. Er schaffte es aber, die »Dämonen der Vergangenheit«, wie ihm seine Erinnerungen vorkommen, in seine Figuren auf der Leinwand einzubauen. Wenn ihm das nicht gelungen wäre, so gibt er zu, hätte aus ihm leicht ein Krimineller werden können.

Mickey wuchs ohne Vater auf – seinen leiblichen Vater sollte er erst achtzehn Jahre später wiedersehen, und zu seinem Stiefvater entwickelte er kein herzliches Verhältnis. Liberty City, der Vorort, in dem die Familie wohnte, eignete sich hervorragend für dunkle, gefährliche Spiele und Geschäfte.

In diesem von Farbigen bewohnten Proletenkiez hatten Mickey und sein Bruder Joey bald eine Menge zwielichtiger Freunde. Sie streunten durch die Stadt, schockierten die »guten Bürger« der besseren Viertel mit ihrem Zuhälterhabitus und schluckten am Strand von Miami beim Anblick des legendären Sonnenuntergangs Seconal, ein Aufputschmittel, das die schäbige Welt in milde Farben taucht.

In dieser Zeit gewöhnte sich der Junge mit dem Halbstarkentick daran, Geschichten zu erfinden, um seinen Kumpels zu imponieren. Die Realität, in der er lebte, war wenig imposant, also mußte eine Scheinrealität her – typisches Verhalten eines Underdogs, der bei denen, die er bewundert, etwas gelten will. »Wenn ich«, sagte Rourke später, »mit meinen Kumpels zusammen war, log ich, daß sich die Balken bogen.«

In der Schule konnte er damit nicht landen. Er war und blieb ein miserabler Schüler. Nur in Sport stellten sich Erfolge ein. Boxen und Baseball lagen dem wendigen Jungen. Verbissen trainierte er an der berühmten Boxschule »Fifth Street Gym« und gewann seine ersten Kämpfe. Im Boxring hieß es nicht mehr: allein gegen die Verhältnisse, sondern Mann gegen Mann. Mickeys Chancen, wahrgenommen zu werden, stiegen also.

Das zunächst angestrebte Ziel, ins Boxprofigeschäft einzusteigen, erreichte der hoffnungsvolle und schlagstarke Junge jedoch nicht. Er war zu disziplinlos, um sich den Erfordernissen eines wirklich harten Trainings zu fügen. Statt jeden Morgen etliche Kilometer runterzureißen, hing er lieber mit seinen Freunden im »Wild West Motel« herum, wo sie rauchten, tranken und Tabletten schluckten. So ließ sich keine Profikarriere auf die Beine stellen.

Als Mickey fünfzehn war, zog die Familie nach Miami West, eine feinere Gegend. Aber Mickey verschwand immer wieder nach Liberty City. Erst als sich die exilkubanische Szene, in der er verkehrte, in blutige Drogenkämpfe mit den konkurrierenden Kolumbianern verstrickte, begann sich Rourke von seinem bisherigen Umfeld zu lösen. Er begriff, wie sehr er selbst gefährdet war. Einige seiner Freunde landeten im Knast oder starben sogar.

Er zog sich aus der Szene zurück, hielt sich mit Jobs über Wasser: Vom Platzanweiser bis zum Swimmingpool-boy in einem Hotel machte er fast alles.

Eines Tages lernte er einen Theaterpraktiker kennen, der ihm vorschlug, eine Rolle in Jean Genets Stück »Unter Aufsicht« zu spielen. Mickey ging darauf ein, übernahm die Rolle – und hatte Blut geleckt. Er kannte nicht nur die Welt, in der Genets Höllendrama spielt, aus eigener Erfahrung, er fühlte sich auch fähig, seine Gefühle angemessen auszudrücken. Die Schauspielerei verhieß ihm plötzlich einen Ausweg.

Man schrieb das Jahr 1975. Mikkey Rourke packte seine Klamotten und zog nach New York.

Misere in Miami

Vorangehende Seite: Mickey Rourke auf seiner geliebten Harley Davidson, kurz nach Beendigung der Dreharbeiten zu »Wilde Orchidee« auf dem Weg zu einer Party

Linke Seite: Mickey Rourke, immer jugendlich, zur Zeit seines Films »Eureka«

Unten: Mickey mit seinem Bruder Joey, nicht sehr glücklich in Miami

Neuer Start in New York

Rechte Seite: Mickey Rourke, noch unentschlossen und unsicher, am Beginn seiner Karriere

New York entpuppte sich als die harte Stadt, von der schon die Legenden um James Dean erzählt hatten. Dean war im Herbst 1951 am Times Square aufgetaucht, und von ihm gibt es diese schönen Fotos von Dennis Stock und Roy Schatt, die ihn nach durchzechten Nächten in der 44. Straße mit Schatten unter den Augen zeigen.

Mickey Rourke, mit dem Habitus eines Miami-Mackers, aber ohne einen Penny in der Tasche, schlief nachts im Pennerasyl, jobbte in kuriosen Unternehmen, lungerte in Kinos herum. Mit einem alten Kumpel aus Miami hauste er in einem schäbigen Hotel auf der West Eight Street und mußte sich jeden Tag neu motivieren, um sein Ziel nicht aus den Augen zu verlieren.

Schließlich hatte er Glück. Das berühmte »Actors' Studio« in der 44. Straße, an dem Lee Strasberg, im Rückgriff auf die Theorien des russischen Theaterrevolutionärs Konstantin S. Stanislawski sein »method acting« entwickelte, nahm seine Bewerbung an. Rourke bestand die Aufnahmeprüfung und konnte loslegen.

Die Methode der Schule basierte darauf, die eigene Identität und Psyche zu erforschen und die eigenen Erfahrungen in die zu spielende Rolle einzubringen. Diese Arbeitsweise kam Rourkes Situation einerseits entgegen, andererseits machte ihm die schonungslos analytische Kritik der Lehrer sehr zu schaffen. Denn jede schauspielerische Leistung war somit auch eine Selbstdarstellung, und die Schutzschicht des Jungen aus einfachen Verhältnissen, der seine Macho-Tour zur Selbstrettung spielte, war schnell durchbrochen.

Ein psychischer Kater folgte dem anderen, und Rourke zog sich erneut in den Schmollwinkel des Rebellen zurück. Er besuchte keine Kurse mehr, spielte das unverstandene Genie und lief Gefahr rauszufliegen.

Zum Glück hatte er jedoch in Sandra Seacat eine Lehrerin, die seine schauspielerische Potenz erkannte und es verstand, seine psychischen Barrieren zu überwinden. Sie zwang ihn geschickt, seine Aggressionen in kreative Energie umzuwandeln. »Sie schaffte es«, sagte Mickey Rourke später, »daß ich es eines Tages schnallte.« Von da an konzentrierte sich Rourkes Vitalität mehr und mehr auf seine schauspielerischen Ziele.

In einer Off-Broadway-Aufführung von Arthur Millers Stück »Blick von der Brücke«, das seine Lehrerin Seacat inszeniert hatte, beeindruckte Rourke als Eddie. Aber er begriff, daß auf den New Yorker Bühnen für ihn keine Lorbeeren zu gewinnen waren – es gab zu viele junge, hoffnungsvolle Schauspieler, die auf ihre Karriere warteten. Er kannte einige dieser hochbegabten und erfolglosen Künstler, und er hatte schon zu viele resignieren sehen. Nur mit Verachtung sprach er deshalb über die junge Hollywood-Garde des »Brat Pack« (»Clique der Bälger«, eine respektlose Anspielung auf das jugendliche Alter der Teenie-Stars), die mit nichts als einem hübschen Gesicht und sexy Bewegungen seit Ende der siebziger Jahre Hunderttausende von Dollars kassierte.

Vielleicht hatten die Film-Jungstars aber doch recht, wenn sie in Hollywood und nicht am Broadway ihr Glück zu machen suchten? Rourke besprach dieses Thema mit seiner Lehrerin. Sandra Seacat riet ihm, nach Hollywood zu gehen.

Rourke befolgte den Rat, machte in der Traumfabrik Probeaufnahmen – und fuhr zwei Wochen später wieder nach New York zurück. »Ich konnte nicht arschkriechen«, lautete sein lakonischer Kommentar gegenüber der enttäuschten Sandra Seacat.

Doch da sich an seiner Situation als stellungsloser Theaterschauspieler mit tadelloser Ausbildung nichts änderte, entschloß sich Rourke, es noch einmal in Hollywood zu versuchen. Diesmal putzte er nicht selbst die Klinken, sondern ließ den Agenten Bernie Carneol für sich arbeiten. Und der tüchtige junge Mann schaffte es binnen kurzer Zeit, seinen Schützling bei den Casting-Agenturen ins Gespräch zu bringen.

Rechte Seite: Publicity-Foto bei einem der öffentlichen Auftritte des Schauspielers

Unten: Rourke in seiner ersten Hauptrolle, in dem TV-Film »Verhängnisvolle Affäre«. Diese Fernsehproduktion verhalf ihm zum Durchbruch

Das brachte ihm kleine und kleinste Fernsehauftritte ein. Der Durchbruch war das nicht, aber von der Gage konnte Rourke immerhin sein Zimmer am Hollywood Boulevard bezahlen. Mit Videobändern in der Hand, die improvisierte Nummern von Rourke zeigten, belagerte Bernie Carneol – mit dem Rourke übrigens heute noch zusammenarbeitet – die Besetzungsbüros. Nachts saßen die beiden zusammen und planten ihr strategisches Vorgehen. Sie verstanden sich blendend – ein Glücksfall.

Schließlich kam der Erfolg. In *City in Fear* (1979) erhielt Rourke seine erste größere Rolle. Dieses von der ABC produzierte Fernsehstück brachte Rourke an die siebte Stelle der Besetzungsliste. In seinem nächsten Auftritt *Act of Love* (1980), einem Fernsehspiel, in dem er einen Motorradrocker mimte, erschien er schon auf Platz drei. Als ihn die Fernsehzuschauer das dritte Mal sahen, spielte er die Hauptrolle. Das war in *Verhängnisvolle Leidenschaft* (1980). Mit diesem Film begann die Karriere von Mickey Rourke. Denn er machte das Publikum mit einem Schauspieler bekannt, dessen körperliche und mimische Präsenz sofort faszinierte.

Der TV-Film basiert auf einem authentischen Fall, bei dem ein Mann, John Rideout, im Jahr 1978 seine Ehefrau vergewaltigt hatte.

Verhängnisvolle Affäre

Der Film beginnt mit dem 6. Oktober 1978, als das Ehepaar Rideout auf dem Rücksitz seines Autos frühstückt. Sie parken am Meer, und nach dem Frühstück lieben sie sich.

Mickey Rourke in der Rolle des John Rideout trägt einen proletarischen Gestus zur Schau. Er bewegt sich nachlässig, betont cool, aber einstudiert. Seine halblangen Haare hängen ihm in die Stirn, er spricht schleppend. Er geht wie jemand, dem die Jeans zu eng sind, seine Haltung ist schlecht. Er saugt an seinen Zigaretten, als käme ihm aus dem Tabak eine Erleuchtung. Er hat Probleme mit sich und seiner sozialen Situation und weiß nicht weiter.

'Der Macho der Arbeiterklasse ist latent aggressiv. Wenn er Probleme hat, wälzt er sie gern auf seine Frau oder die Umwelt ab. »Ich bin der Mann, und ich kann machen, was ich will«, lautet sein Lieblingsspruch. Dieser Typ scheint lernunfähig.

Dabei sieht er sehr sympathisch aus, und wenn er vor Müdigkeit – er besucht neben seinen Jobs eine Abendschule – einschläft, auf dem Bauch sein kleines Kind, muß man ihn einfach gern haben.

Dieser Mann glaubt, alle Probleme mit Sex lösen zu können. Damit kriegt er seine Frau immer rum – denkt er. Vielleicht hat er auch Angst, schwul zu sein, und demonstriert durch Potenzgehabe das Gegenteil. Er ist krankhaft eifersüchtig und glaubt, daß seine Frau ihm allein gehört.

Seine Frau sucht die »Women's Crisis Clinic«, eine Art Eheberatung für Frauen, auf. Sie weiß nicht weiter. John verspielt Geld beim Billard und versucht danach, die Stimmung zu Hause mit Geschlechtsverkehr zu retten. Das ist seiner Frau auf die Dauer

zu wenig. Als John erfährt, wo sie Hilfe gesucht hat, flippt er aus. Er befürchtet, sie könne sich von ihm trennen, und das würde er nie akzeptieren. Und sie bekommt Angst, er könne sie umbringen.

Schlampig steht Rourke da, das Hemd hängt ihm über die Hose und ist über der Brust geöffnet. Er trinkt Bier. Er glaubt sich im Recht. Er ist der Herr der Schöpfung. Seine Manieren werden immer flegelhafter. Einfach nur um zu provozieren, hängt er das Ekel heraus – ein Prolet will seine Kräfte spüren.

Total entnervt läuft dieser John Rideout durch die Gegend, nachdem seine Frau sich ihm verweigert hat. Er holt sie zurück, verprügelt und vergewaltigt sie. Er nimmt sich »sein Recht«.

Die Figur des John Rideout bleibt haften. Er wirkt hilflos in seiner Männlichkeit. Er hat nie gelernt, Frauen als gleichberechtigt anzusehen. Er hat kein Problembewußtsein. Und doch spürt er offenbar, daß er im Unrecht ist. Dennoch verprügelt und vergewaltigt er seine Ehefrau. Sie ist das einzige menschliche Wesen, dem er etwas zufügen kann: Zärtlichkeit ebenso wie Gewalt. Bei ihr spürt der Underdog, daß er Einfluß besitzt – und nutzt ihn.

Rourke spielt diesen Proleten mit jungenhaftem Charme als ganz normales männliches Ungeheuer. Sein Chauvinismus ist ihm in Fleisch und Blut übergegangen, er spürt ihn nicht mehr. Narzißtisch auf seine eigenen Bedürfnisse konzentriert, kann er die Bedürfnisse anderer nicht empfinden. Ganz fest glaubt er daran, ein dufter Typ zu sein.

Es kommt zum Prozeß. Johns gerissener Anwalt sorgt dafür, daß sein Mandant im Gericht so sauber und adrett aussieht, daß ihm niemand eine Vergewaltigung zutraut. John bekommt ein paar Cortisonspritzen verpaßt, die seine Haut reinigen sollen, die strähnigen Haare werden abgeschnitten, College-Klamotten verschaffen ihm das Image eines Braven.

Rourke sieht danach tatsächlich wie ein Collegeboy aus oder wie ein Dressman, befindet eine Zuschauerin im Gerichtssaal. Sogar sein ewiger Bartschatten ist weggeschminkt. Er blickt sanft. Seine Stimme klingt sanft. Er scheint nur noch zu bedauern, was er angerichtet hat. Ein Sexverbrecher ist er jedenfalls nicht, dafür wirkt er zu harmlos.

Rourke ist eine bizarre Besetzung für diesen Mann aus der Arbeiterklasse, der nicht weiß, was er will, sich kaum artikulieren kann und unfähig ist, mit etwas fertig zu werden. Sein unergründliches Lächeln dient dazu, diese Figur sympathisch zu machen, die doch nur ein normales Opfer normaler gesellschaftlicher Verhältnisse ist, also Opfer und Täter zugleich.

***

Die Kritiken, soweit sie Rourke betrafen, urteilten günstig. Die »Los Angeles Times« konstatierte »gute darstellerische Leistungen« bei beiden Hauptdarstellern (Linda Hamilton spielte die Greta), und das »Monthly Film Bulletin« schrieb: »Die Besetzung mit dem unergründlichen Mikkey Rourke als John Rideout ist anregend, weil er aus der Arbeiterklasse stammt, ungebildet, schwer zu verstehen und unfähig ist, mit etwas fertig zu werden.«

Mickey Rourke überlegte nun, ob er den eingeschlagenen Weg zum TV-Star weiterverfolgen sollte. Wie für viele junge Kollegen war auch für ihn das Fernsehen nicht identisch mit dem Traum von künstlerischer Freiheit. Aber es ließ sich hier viel Geld verdienen. Das Kino hingegen bot weniger Arbeitsmöglichkeiten, dafür aber die Chance, das eigene Können besser unter Beweis zu stellen.

Mickey Rourke entschied sich für den Kinofilm. Die ersten Erfahrungen, die er in der Filmwelt sammelte, ließen seine Entscheidung allerdings fragwürdig erscheinen. In Steven Spielbergs *1941 – Wo, bitte, geht's nach Hollywood?* aus dem Jahr 1979 saß er zehn Wochen lang auf dem Set herum, bis er schließlich vor die Kamera kam. Im fertigen Film ist er allerdings nicht mehr zu sehen.

Zwei starke Szenen hatte Rourke in »Eine heißkalte Frau«/»Heißblütig – Kaltblütig«, hier mit Hauptdarsteller William Hurt

Diese Erfahrung wiederholte sich beim nächsten Kinoprojekt. In der Western-Historie *Heaven's Gate* (1979/80) von Michael Cimino war er für einen zweiminütigen Auftritt als Cowboy eingeplant. Dafür verbrachte er zwei volle Wochen bei den Dreharbeiten. Am Ende fiel seine Rolle dem Schnitt zum Opfer.

Böse Erfahrungen in Hollywood konnten Mickey Rourke jedoch nicht mehr lähmen. Zwar mußte er, um seine Miete zusammenzubekommen, als Rausschmeißer bei einer Transvestiten-Show jobben, anstatt vor der Filmkamera sein Talent zu beweisen, aber sein in den Slums von Miami gewachsener Stoizismus ließ ihn durchhalten.

Zwei kleine Filmrollen, in denen er auch tatsächlich zu sehen ist, waren der Lohn. In *Die schönen Morde des Eric Binford* (1980) spielt er den Lagerarbeiter Richie, der dem Titelhelden, einem passionierten Mörder, zum Opfer fällt. Die Kritiken sprachen zwar von Effekthascherei und würdigten Mickey Rourkes Leistung nicht weiter. Aber er war erneut an siebter Stelle in den Credits erschienen.

Eine vielbeachtete Nebenrolle als Profi-Brandstifter Teddy Lewis spielte er danach in dem Film *Eine heißkalte Frau/Heißblütig – Kaltblütig* (1981), der insgesamt eine gute Presse erhielt. Gut gemachtes Unterhaltungskino und »erhitzte Emotionen in einer kühl kalkulierten Geschichte« (»Kölner Stadtanzeiger«) glaubten die Medien gesehen zu haben.

Rourke hat einige schöne Momente als eiskalter proletarischer Krimineller, der sich scharf kontrastiert vom smarten Hauptdarsteller William Hurt absetzt. Der kriminelle Charakter seiner Rolle kommt in wenigen, aber intensiv gesprochenen rüden Dialogen zum Ausdruck, und Starkritikerin Pauline Keal vom »New Yorker« konstatierte Rourkes körperliche Präsenz, die dem Zuschauer das Gefühl vermittelte, er »säße in einem realen Film«.

Rourke nutzte die Chance, die der Debütfilm des Regisseurs Lawrence Kasdan ihm bot. Sein Bild blieb haften. Und zum erstenmal setzte er auch sein gewinnendes Lächeln so ein, daß es zu seinem Markenzeichen wurde – was es bis heute blieb.

Ein weiterer Debütfilm brachte den jungen, immer ungeduldiger werdenden Nachwuchsschauspieler dann ganz nach vorn – obwohl das Werk von Barry Levinson, *Diner* (1982), an der Kinokasse floppte. Zunächst hatte Rourke dem Projekt gegenüber eine eher skeptische Haltung eingenommen. Aber sein Agent Bernie Carneol überredete ihn, das Angebot anzunehmen, um Praxis zu bekommen. Denn in Hollywood gilt nur der etwas, der in den Credits erscheint. Der Star übernahm also die Rolle des Robert Sheftell, genannt Boogie.

Der Erfolg

Diner

In Baltimore – wir schreiben das Jahr 1959 – tanzen die Kids Rock'n' Roll. Boogie tanzt nicht, er redet. Tagsüber arbeitet er in einem Frisiersalon, abends studiert er Jura, und nachts trifft er sich mit seinen Freunden im »Fells Point Diner«, einem gemütlichen Imbißrestaurant. Dort essen sie Hamburger, Roastbeef-Sandwich, Pommes mit Ketchup, reden über den Unterschied von Johnny Mathis und Frank Sinatra und über die »Baltimore Colts«. Aber das sind nur zwei Themen von tausend. Und wenn Boogie dabei ist, kommen Wetten hinzu, unzählige Wetten.

Seine Lieblingswetten drehen sich um Mädchen. Boogie ist ein Verführer erster Ordnung, Frauen sind sein Lieblingsstoff. Für sie entfaltet er seinen ganzen Charme.

Mickey Rourke in seiner ersten Hauptrolle überzeugt. Zum erstenmal zieht er die Blicke der Zuschauer ganz auf sich. Auch seine Kumpels in diesem schönen, nostalgischen Film über die fünfziger Jahre sind nicht von Pappe, aber Rourke nutzt die Chance, im Mittelpunkt der Inszenierung zu stehen, am besten. Und da er – mit nach hinten geföntem, welligem Haar, dunkler Kleidung und smartem Lächeln – am attraktivsten aussieht, fällt es ihm leicht, in Erinnerung zu bleiben.

Jeder der Freunde steckt in einer Krise. Boogie hat zweitausend Dollar Wettschulden, die ein Wettgangster bei ihm einklagt. Da nützt ihm auch das schicke Outfit nichts, er sitzt in der Klemme.

Immerhin hat Boogie gerade eine kleine Schmuddelwette gewonnen, doch die Freunde wollen nicht zahlen. »Sie packte meinen Pimmel«, versichert Boogie, doch die Jungs glauben ihm nicht. »Die Wette war, den Pimmel zu packen, und nicht, auf den Pimmel im Popcorn zu stoßen«, korrigiert ein Kumpel. Boogie gibt nach, will das Mädchen Carol, um das es hier geht, dann eben »ganz rumkriegen«. Der Wetteinsatz steigt.

Boogie hält sich für unschlagbar. Er läßt seinen weißen Seidenschal flattern und grinst die Mädels an. Kettchen, Armbänder, Ringe zieren ihn. In seinem Gesicht steht: Ich bin unwider-

Linke Seite: Der neue Star, hier auf dem Festival in Venedig, in schon erfolgsbetonter Pose

Unten: Rourke in »Diner«, mit Steve Guttenberg und (sitzend v. l. n. r.) Daniel Stern, Kevin Baron und Timothy Daly

stehlich. Manche finden ihn nur unausstehlich, aber das juckt Boogie nicht. Sein Selbstwertgefühl ist unerschütterlich.

Dieser Typ denkt nur »von jetzt auf später«. Sein Lebensplan besteht aus kleinen Deals, Wetten, Aufreißer-Geschichten. Hin und wieder kittet er eine kaputte Freundschaft. Er ist ein Hallodri, wenn auch ein netter.

Und seine Großmäuligkeit ist nur Attitüde. Denn als sein Gläubiger etwas rauher auftritt, zeigt sich, daß Boogie nur ein kleiner Wicht ist, der Angst um seine Visage hat.

Mickey Rourke in dieser Rolle beherrscht das Spiel, mit Gesten, etwa mit den Händen, etwas auszudrücken, perfekt. Er nestelt, deutet, spielt mit Gegenständen. Seine Hände können Stimmungen vermitteln. Er kratzt sich an der Schläfe, wenn er nachdenkt, schabt mit dem Daumen über die unrasierte Wange, wenn er unsicher ist, er spielt unschuldig abwartend mit etwas, wenn er einen Vorteil erringen will.

Am liebsten ruhen seine Hände auf Mädchen. Er faßt sie an, führt sie umher. Sein Fingerspitzengefühl schafft sozusagen schnell Kontakt. Frauen, die er gern anfaßt, sind in Ordnung.

Auch seine übrigen Gesten sind wohlüberlegt. Er leckt sich über die Lippen, preßt sie zusammen, öffnet den Mund, lächelt, leckt sich wieder über die Lippen. Antörnen heißt sein Programm, vor allem bei Frauen. Er legt den Kopf auf die Seite. Seine Augen wandern umher, auch wenn er mit jemandem spricht. Er raucht mit feuchten Lippen und benutzt noch das Anzünden einer Zigarette zur Charakterisierung seiner Rollenfigur.

Als Boogie zeigt dieser Mann plötzlich Format. Er ist ehrlich zu einem Mädchen, er stellt sich seinem Gläubiger, er macht sich nichts vor. Boogie, der eigentlich nur Jura studiert, weil dann die Mädchen »zugänglicher« sind, wie er sagt, präsentiert sich plötzlich von seiner Schokoladenseite. Auf einmal zeigt er echtes Gefühl. Und diese Seite steht Mickey Rourke besser. In dieser Rolle kündigt sich der spätere Liebhaber großer Filme an – der zwar nie einspurig »gut« ist, sondern manchmal sogar ziemlich abgründig, aber auch nie einspurig schlecht. Ein Good-bad-boy. Der Mickey-Rourke-Stil.

***

Rourke war in der Runde der sympathischen Baltimore-Gang dieses Lichtspiels der Älteste, aber das fiel nicht auf. Er hatte nicht die Hauptrolle, machte seinen Part jedoch dazu. In der eigenwilligen, dialogsicheren Komödie, die jede nostalgische Spekulation à la George Lucas (*American Graffiti, 1973*) vermeidet und dennoch auf angenehm unterhaltsame und kritische Weise nostalgisch ist, konnte der Jungstar seinen ganzen Charme entfalten. Schön zu sehen, wie unangestrengt er hier, seiner physischen Wirkung sicher, auftritt. Die Rolle des Boogie in *Diner* ist ganz sicher eine von Rourkes besten Arbeiten.

Wieder war es Pauline Keal, die im »New Yorker« von Mickey Rourke schwärmte. Sie lobte sein »süßes, reines Lächeln« und fügte eine Beobachtung an, mit der sie vielen Fans aus dem Herzen sprach: »Er scheint nur für dich zu spielen und für sonst niemanden.«

Andere Kritiker hoben neben der exzellenten Dialogregie die neuen, jungen Gesichter hervor, die mit Frische und Verve agierten. Und im »New York Magazine« stand: »Rourke mit der sanften Stimme weiß seine Falten um die Augen und das traurige Lächeln verführerisch einzusetzen.« Alle Kritiker waren der Meinung, daß einer wie Rourke, wenn es mit rechten Dingen und etwas Glück zuging, ein ganz Großer werden könnte.

Rourke mit der sympathischen Baltimore-Gang in »Diner« (kleines Foto: Kevin Baron, Mickey Rourke, Daniel Stern und Steve Guttenberg)

Rechte Seite: So fotogen präsentierte sich der Schauspieler in »Diner«, dem lange unterschätzten und jetzt wiederentdeckten Film von Barry Levinson

Im Big Busineß von Hollywood hatte Mickey Rourke zwar noch nicht Fuß gefaßt, aber er hatte Aufmerksamkeit erregt. Rourke steckte den frischen Ruhm weg und veränderte sein altes Leben um keinen Deut. Regelmäßig traf er sich mit alten Kumpels und neuen coolen Typen aus der Rockerszene zu einem wilden Ritt über die Landstraßen Kaliforniens. Die Männergemeinschaft blieb dem Schauspieler das wichtigste. Erfolg und Frauen kamen erst danach – was ihm einige Verehrerinnen inzwischen übelgenommen haben.

Dennoch gibt es seit *Diner* im Gefühlsleben von Mickey Rourke eine Veränderung: Er hatte geheiratet. Die

Privatleben

Glückliche war Debra Feuer, eine fast gleichaltrige Schauspielerin, die er aus Los Angeles kannte. Die Beziehung scheint stabil zu sein, obwohl beide sich relativ viel Freiheiten erlauben. Problemlos verläuft die Ehe allerdings nicht. Ganz im Gegenteil: Es gab heftige Stürme. Rourkes ungenierte Affären mit anderen weiblichen Stars haben die Beziehung gefährdet. Aber sie hielt.

Linke Seite und unten: Idyllisches Privatleben daheim: Rourke mit seiner Ehefrau Debra Feuer

Karriere

Rechte Seite: Mickey Rourke präsentiert sich immer wieder mit einem überraschenden Outfit, karriere- und modebewußt, sein rebellisches Image pflegend

Unten: In »Eureka«, unter der Regie von Nicolas Roeg, spielte Rourke eine bizarre Rolle als sanfter, zynischer und schließlich brutaler Anwalt der Mafia

Rourkes Karriere dagegen entwickelte sich bemerkenswert geradlinig weiter. Es sah so aus, als seien nach den anfänglichen Schwierigkeiten nun alle Signale auf Erfolg gestellt. Deshalb nahm der Schauspieler auch nur zögernd einen neuen Auftrag an, der ihm wieder eine Nebenrolle – und eine schwierige, weil langweilige noch dazu – bescherte: den Anwalt Aurelio d'Amato in Nicolas Roegs komplexem Filmwerk *Eureka* (1983).

Entscheidend für seine Beteiligung, so sagte er später, seien seine Freundschaft mit Roeg und die Wahl der Drehorte in der Karibik gewesen. Mickey erhoffte sich offenbar eine relaxte, sinnliche Zeit unter Palmen – die Rolle selbst war von Drehbuchautor Paul Mayersberg eher kümmerlich ausgestattet worden.

Rourke genoß die Drehzeit und vor allem die Freiheit und tat sein Bestes, bei seinen dialogarmen Auftritten durch Tricks, die er inzwischen sicher beherrschte, aufzufallen.

In seiner Rolle als sanfter, zynischer und schließlich brutaler Anwalt der Mafia hat er eigentlich nicht viel zu tun. Nicht viel mehr, als an seiner Zigarette zu ziehen und ein paar Sätze zu sagen. Aber dabei fällt ihm doch genug ein, um in Erinnerung zu bleiben.

Eureka

Mickey Rourke als Aurelio d'Amato, eine Art ausführender Sekretär der Mafia, sitzt im korrekten Nadelstreifenanzug, mit gestärktem weißem Hemd, strenger Frisur und brauner Hornbrille herum und verströmt Anwalt-Charme.

Er ist wohlerzogen. Wenn eine Frau ins Zimmer tritt, erhebt er sich und nimmt seine Brille ab. Er wirkt größer und kräftiger, als er eigentlich ist. Das liegt daran, daß die Kamera ihn überwiegend aus der Untersicht erfaßt oder in »amerikanischer Einstellung«, von den Oberschenkeln aufwärts. So wird das Bedrohliche, das von ihm ausgeht, vor allem durch die Kameraführung ausgedrückt, in seinem offenen, freundlichen Gesicht ist es zunächst nicht zu erkennen.

Sein vorherrschender Charakterzug scheint Humorlosigkeit zu sein. Langsam empfindet der Zuschauer Mißtrauen gegenüber diesem Mann, dessen Augen plötzlich eiskalt und wäßrig wie bei einem Frosch aussehen können. Dieser Anwalt soll die Wünsche eines der reichsten Männer der Welt, des ehemaligen Goldsuchers McCann, herausfinden – damit dieser leichter vernichtet werden kann. Schon schleicht er sich in dessen Gesellschaft ein und macht Konversation.

Rourke ist so glatt wie ein Frosch. Noch immer spricht er wenig. Er beobachtet und bewegt dabei andauernd seine Mundpartie, aber er schweigt. Das Drehbuch hat ihn nicht üppig bedacht, also muß er sich etwas einfallen lassen, um wahrgenommen zu werden. Er versucht es mit möglichst wenig mimischem Aufwand. Er sitzt da und läßt andere handeln.

Mickey Rourke ist in diesem Film ganz und gar ausführendes Organ. Und wenn er am Ende bei einem bestialischen Mord selbst Hand anlegt, tut er das mit einem ungläubigen Gesichtsausdruck, so, als sei er überrascht von seinem zweiten Ich, das ihn zu dieser Tat treibt.

Rourke leiht der Nebenrolle in diesem bizarren Film sein Gesicht, seine Statur, seine Manierismen in einer Weise, als wolle er sich für zukünftige Aufgaben empfehlen. Und in der Tat war die Figur des d'Amato der Grund für seinen eigentlichen Durchbruch, den er mit seinem nächsten Film, *Rumble Fish* (1984), erzielte.

***

Francis Ford Coppola sah Rourke in *Eureka* und war begeistert. Ihn deshalb für *Rumble Fish* zu engagieren, war dennoch ein Risiko, denn einen

In »Rumble Fish« kommt der Motorcycle Boy, gespielt von Mickey Rourke, *doch* zurück – und wie!

Rourke versucht, seinen Leinwand-Bruder Matt Dillon als Rusty James von der Ideologie des Straßenkampfes abzubringen

solchen Rollentypus wie den Motorcycle Boy hatte der Schauspieler noch nie gespielt. Und daß diese Figur von seiner Darstellung des Mafia-Anwalts in *Eureka* meilenweit entfernt ist, ja beide Figuren so wirken, als hätten zwei verschiedenartige Schauspieler sie interpretiert, das weiß jeder, der beide Filme kennt.

Später äußerte Rourke: »Die Arbeit mit Coppola war eine der größten Erfahrungen, die ich je machte.« Das hatten auch die Jungstars bei Coppolas vorangegangener Regiearbeit, *Die Outsiders* (1983), gesagt, die später allesamt zu Hollywoodstars aufstiegen: Patrick Swayze, Rob Lowe, Matt Dillon, Emilio Estevez, Tom Cruise, C. Thomas Howell, Ralph Macchio und Diane Lane. Coppola hat einen Blick für Typen und kann alles aus seinen Darstellern herausholen. Unter seiner Führung zu agieren, das bedeutet für jeden jungen Schauspieler den Glücksfall schlechthin.

Rourke wurde zum Drehort Tulsa bestellt. Coppola hatte zu diesem Zeitpunkt eine genaue Vorstellung von der Rolle des Motorcycle Boy. Nach seiner Auffassung sollte Rourke an den französischen Existentialisten Albert Camus erinnern, den Coppola auf Fotos studiert hatte. Durch diesen Beiklang wird die Gestalt des Leinwandrebellen, dessen Vorfahren in Gestalt von Marlon Brando oder Peter Fonda noch ganz realistisch auf den Hochlenker-Motorrädern gesessen hatten, ins Reflektierte und Mythologische gezogen. Eine schwer zu spielende Mischung aus Action und Trance erwartete Rourke. Er ließ sich das Konzept von Coppola in Tulsa genau erklären. Und er meisterte diesen Balanceakt vorzüglich.

Rumble Fish

Das Führungslicht, von dem er bei seinem Auftritt erfaßt wird, ist existentiell gemeint, die Regie will es so. Der Motorcycle Boy kommt im richtigen Moment, um die Niederlage seines kleinen Bruders Rusty James ab-

zuwenden, aber im Grunde ist es der Auftritt eines Prinzips: des mythologischen Helden.

Darunter tat es Regisseur Francis Ford Coppola nicht. Und als er die Rolle des Motorradtypen besetzte, fand er in Mickey Rourke den Darsteller par excellence für diese Figur.

Er bricht herein wie ein Schicksalsschlag. Sein Motorrad röhrt. Aber er selbst sitzt nur ganz ruhig da, wie einer, der nachdenkt. Und er denkt nach: über seine Vergangenheit als Anführer der Rockerbanden und über seine Zukunft als Seher.

Mickey Rourke wirkt mit seinen dunkelblonden, ratzekurzen Haaren, einer Frisur zwischen Römerfransen und Post-Punk-Struwwel, seinem jugendlichen Gesicht, dem akkuraten Sakko und dem zerknitterten Hemd wie ein existentialistischer Buchhalter, der nachts nicht ins Bett gekommen ist. Sein Held ist erst vierundzwanzig, sieht aber alt aus. Er ist manchmal taub und immer farbenblind, irgend etwas macht ihm zu schaffen. Man weiß nie, was er gerade denkt. Und er scheint unaufhörlich zu denken.

Rourkes Gesicht in diesem Film gehört zu den Bildern des modernen Kinos, die bleiben. Ein solches Gesicht, eine solche Figur gab es bis dahin nicht. Er erinnert an die legendären Rebellen und Anführer mit Motorrad

Oben: Der Motorcycle Boy hat seinen Bruder Rusty James wieder einmal nach einer Schlacht vom Straßenpflaster aufgelesen

Links: Die Zeit für die Streetfighter ist abgelaufen, das hofft jedenfalls der Polizist Patterson (William Smith)

Rechte Seite: Rourke mit Daryl Hannah als Diane und Eric Roberts als Paulie in »Der Pate von Greenwich Village«

und Ledermontur aus den fünfziger Jahren. »Der Wilde« läßt grüßen. Aber darüber hinaus bringt er einen völlig neuen Ton. Wie ein Guru oder ein Rasta bewegt er sich in einer materialistischen Welt. Ein Süchtiger, ohne süchtig zu sein, ein Mann in Trance mit einem glasklaren Kopf, ein Spinner, der so normal ist wie kein zweiter. Ein Mann, der gerade aus Kalifornien, dem gelobten Land, zurückkommt, aber eigentlich einer von einem anderen Stern.

Er ist nicht nur vertrauenerweckend, er verkörpert das Vertrauen geradezu, er ist nicht nur zuverlässig, er repräsentiert Zuverlässigkeit. Und doch schafft es Rourke durch sein Spiel, die Rollenfigur nicht überzuinterpretieren, nicht zu überfrachten. Sie bleibt glaubwürdig. Nur staunt man beim Zusehen darüber, daß erst dieser Film einen solchen Kinohelden auf die Leinwand geworfen hat.

Rourke spielt einen Typ, der fast allein dadurch, daß er in einer Umwelt hysterischer Aktionen nichts tut, zum magischen Mittelpunkt wird. Während die Kumpel herumwirbeln, steht er da und liest in einem Buch. Während sie ihre Muskeln spielen lassen, schlingt er seine Arme um sich selbst und beobachtet in sich selbst vertieft den Sonnenuntergang. Er schlendert, wo andere hektisch herumzappeln. Er schaut, wo andere glotzen. Er hört zu, wenn andere nur reden. Wo andere nach Frauen grapschen, lächelt er ihnen zu. Er ist zärtlich, wenn andere gierig sind.

Die Zigarette im Mundwinkel, geht er durch die Stadt. Er nimmt seine Umwelt wahr wie Schwarzweißfernsehen mit leise gedrehtem Ton. Seine Physiognomie ist die eines Existentialisten, seine Arme sind die eines Preisboxers. Er ist der verkörperte Widerspruch. Souverän balanciert er zwischen Reflexion und Tat und weiß seine Energien im richtigen Moment zurückzunehmen. Vielleicht hat er auch nur einen Dachschaden. Oder ist ein Autist. Unter den Rokkern dieses Gang-Movies jedenfalls wirkt er wie ein Philosoph oder närrischer Weiser.

Wer hätte diese Rolle im Produktionsjahr 1984 sonst spielen können? Niemand aus der jungen Garde Hollywoods. Niemand hätte diese Figur mit den Gesten James Deans, dem Aussehen des jungen Brando, der Verletzlichkeit Montgomery Clifts und dem leisen Wahnsinn eines Dennis Hopper ausstatten können. Zumindest nicht mit der Intensität wie Rourke: mit Mimik und Gestik, die immer quer zur Handlungssituation liegen. So, als kämen sie zu früh oder zu spät. Fast schon geniale Manierismen in einem streng stilisierten Actionfilm.

***

Eine Meisterleistung. Mickey Rourke war über Nacht ein Star.

Der Film bedeutete für ihn einen Sprung nach vorn – auch in privater Hinsicht. Denn durch die im Drehbuch angelegte diffizile Beziehung der Söhne zu ihrem – von Dennis Hopper mit gewohntem »method acting« gespielten – Vater fand Rourke selbst einen Weg, mit seinem Vater Kontakt aufzunehmen, der die Familie achtzehn Jahre zuvor verlassen hatte. In Schenectady trafen sie sich wieder – eine für den Schauspieler notwendige und heilsame Begegnung. Denn nun begann er, seine romantisierte und mythologisierte Beziehung zum Vater in einem realistischen Licht zu sehen. Sie korrespondierten von da an miteinander, begegneten sich jedoch nicht mehr.

Während Rourke an *Rumble Fish* arbeitete, starb sein Vater. Damit erreichte seine Suche nach der Identität eines Sohnes, der ohne Vater aufgewachsen war, eine neue Qualität. »Ich hätte ihn eingeladen, zum Drehort zu kommen«, sagte Rourke später. »Nun war es zu spät. Zu spät für mich und zu spät für den Motorcycle Boy. Diese Erfahrung brachte mich dazu, darüber nachzudenken, was ich eigentlich hier suchte und wollte.«

Ein Teil der Verlorenheit der Figur aus *Rumble Fish* resultiert aus dieser Grunderfahrung, die noch verstärkt wurde, als sich die Krebskrankheit

seines Bruders Joey in dieser Zeit verschlimmerte und Mickey Schuldgefühle entwickelte, weil er seinen Bruder vernachlässigt hatte.

Rourke kam nicht zu intensivem Nachdenken, und eine Pause im gerade anlaufenden Geschäft konnte er sich noch weniger leisten. Das nächste Projekt stand vor der Tür. Es handelte sich um die Geschichte von zwei kleinen Gangstern, die versuchen, ihren persönlichen Schnitt zu machen, und dabei mit dem großen Boß im Hintergrund kollidieren.

Der Pate von Greenwich Village, den Stuart Rosenberg 1983 drehte, sollte ein Genrefilm werden und in Little Italy, New Yorks italienischem Viertel, entstehen, in dem schon Martin Scorseses schöner Film *Hexenkessel* (1973) angesiedelt war.

Der ursprünglich für die Hauptrolle vorgesehene Al Pacino stieg aus dem Projekt aus, weil ihm Rourke als Partner zu jung war. So kam Eric Roberts dazu, der über Mickey äußerte: »Er ist großartig, der beste naturalistische Schauspieler, mit dem ich je zusammengearbeitet habe.«

Die Dreharbeiten begannen und machten sämtlichen Beteiligten Spaß. Vor allem deshalb, weil Rourke und Roberts ein äußerst kreatives Gespann waren. Mickey spielte im Grunde seine Rolle aus *Diner* weiter: jenen charmanten Möchtegern-Heavy, der lernt, seine Grenzen zu akzeptieren. Einen, der in die eher harmlose Story des Drehbuchs einige deftige Nuancen, ungehobelte Sätze und rauhes Spiel einbrachte.

Mickey Rourke arbeitete hart an seiner Rolle. Um seine Figur Charlie Moran aus dem italienischen Kiez überzeugend darzustellen, eignete er sich den italienischen Slang und die typischen Gesten der Bewohner von Little Italy an. Während der Dreharbeiten klangen seine Äußerungen über den Film enthusiastisch. Rourke beging dabei einen Fehler, den er später noch einige Male wiederholte, wenn er der Meinung war, seine eigene Begeisterung müßte vom Rest der Welt geteilt werden. Rourke meinte: »Francis Coppola ist ein Gott. Er

kann alles. Aber Stuart Rosenberg ist ein Genie. Ich möchte zehn Filme mit ihm machen. Ich habe noch nie einen Film so gemocht wie diesen.«

Rourke hatte plötzlich das Gefühl, ein glücklicher Mann zu sein, seine innere Unruhe verloren zu haben, zu wissen, was er wollte und wo er stand. Zu diesem Gefühl hatten offensichtlich drei Menschen beigetragen: seine Frau Debra Feuer, seine Lehrerin Sandra Seacat und sein Regisseur Stuart Rosenberg.

All dies konnte nicht verhindern, daß der hinsichtlich sozialer Glaubwürdigkeit, Genrespannung und dramaturgischer Finessen eher dünne Film nicht der erhoffte Erfolg wurde. Und als sich das abzeichnete, sah auch Mickey Rourke das fertige Werk plötzlich mit anderen Augen. »Es gibt Probleme mit dem Film«, äußerte er. »Es gibt Dinge in ihm, die ich mag, und Dinge, mit denen ich Schwierigkeiten habe. Dinge, die nicht so laufen, wie sie vorgesehen waren. Ich verstehe manche Schnitte nicht. Das beste, was ich über den Film sagen kann, ist: Unter den gegebenen Umständen ist er so gut wie möglich.«

Hatte Mickey Rourke sich eine Fehlinvestition geleistet? Sein Agent sagte nein. Denn auch in einem weniger gelungenen Film kann das Talent eines Schauspielers zur Geltung kommen. Und das war hier der Fall.

Linke Seite oben: Rourke bei der Drehvorbereitung zu »Der Pate von Greenwich Village«

Szenenfotos aus »Der Pate von Greenwich Village« (mit Eric Roberts, links unten und Daryl Hannah, rechts oben)

Star und Rebell

Im Jahr 1984 gab es in Hollywood keinen zweiten, der die Rebellenpose so glaubhaft mit subtiler Charaktergestaltung verbinden konnte wie Mikkey Rourke. Rourke sah gut aus und konnte häßliche Männer spielen. Er schien hart und spielte sensibel. Er war jung und wirkte erfahren. Unter der Montur des Motorcycle Boy, der aus den fünfziger Jahren herübergekommen war, um zu demonstrieren, was Harley-Davidson-Beat ist, steckte ein grübelnder Zeitgenosse, der gebrochene Rollenfiguren überzeugend interpretierte.

Der neue Star konnte nun darangehen, sein eigenes Lieblingsprojekt anzupeilen.

Er wollte ein Drehbuch über einen Teil seiner Lebensgeschichte schreiben und verfilmen: über seine Zeit als Miami-Fighter im Boxring. *Homeboy* hieß das Projekt, das an einigen Wochenenden in New Jersey geprobt wurde. Die Aufnahmen erwiesen sich aber bald als nicht zufriedenstellend. Und da Rourke in dieser Zeit bereits für *9 1/2 Wochen* (1985) vor der Kamera stand, legt er seinen Plan vorerst beiseite. 1987 kam er erneut – in veränderter Form – darauf zurück.
Jetzt also konzentrierte sich der neue Hollywoodstar auf seinen Part als sexbesessener Devisenhändler in Manhattan, der mit Kim Basinger eine Amour fou erlebt.

Die Produktionsgeschichte dieses Films, der auf einer angeblich authentischen Geschichte von Elizabeth McNeill (Pseudonym für Ingeborg Day) aus dem Jahr 1979 basiert, ist für Hollywood bezeichnend.

Sydney Pollack war ursprünglich als Regisseur vorgesehen, stieg aber für *Jenseits von Afrika* (1985) aus. Der Werbefilmer Adrian Lyne sprang für ihn ein, dafür machte die Tri-Star-Production nicht mehr mit. MGM kaufte die Rechte – und das ursprüngliche Drehbuch erhielt einen neuen Zuschnitt. Der Film wurde gedreht – und kam erst zwei Jahre später in die Kinos. Die Selbstzensur der Industrie hatte dazu geführt, daß bestimmte erotische Sequenzen herausgeschnitten wurden, wodurch der Film verstümmelt und zu einer Art Clip im Stil der Werbeästhetik verändert wurde.

Kurioserweise gingen die Verstümmelungen den US-Filmgewaltigen nicht weit genug. Sie erreichten, daß der Film auch oder gerade in seinen – nicht völlig ausgespielten – Sexszenen alles andere als erotisch wirkt. Sowohl Rourke als auch Kim Basinger waren von der ursprünglichen Idee sehr angetan, lehnten das Werk hinterher jedoch mehr oder weniger ab.

9 1/2 Wochen wurde dennoch in einigen Ländern Europas und Südamerikas, auch in der Bundesrepublik, zu einem Kultfilm, der in ausgewählten Kinos ununterbrochen in der Nachtvorstellung läuft.

Rourke hatte seine Rollenvorbereitungen äußerst ernst genommen.

9 1/2 Wochen

Und so trat er in »9 1/2 Wochen« auf: Schwarzweiß sind seine Farben, nur Schwarz und Weiß. Und so ist auch sein Weltbild. Kaufen und gekauft werden heißt Johns Devise – nicht ungewöhnlich für einen Devisenmakler.

Dieser Mann ist ein Voyeur. Er läßt andere handeln. Er wartet, bis seine Opfer reif sind. Dann erst handelt auch er. Unwiderstehlich, wie er sich selbst findet, kommt er mit genügend

Linke Seite: Rourke im Jahr 1988 auf dem Festival in Cannes

Unten: Mickey Rourke als Devisenmakler John und Kim Basinger als Galerie-Angestellte Elizabeth – nach dem Liebesspiel, dessen Raffinesse den Film »9 1/2 Wochen« zum Kultfilm machte

Selbstbewußtsein auch ans Ziel. Ein Ladykiller-Lächeln und Beharrlichkeit genügen. Diesmal ist die schöne Blondine Elizabeth sein Ziel.

Er rückt ihr auf den Leib. Füttert sie, tritt ganz nahe an sie heran, berührt sie, verfolgt sie. Vom ersten Moment an verhält er sich wie ihr sensueller Sponsor. Wie ein erfahrener Erotiker, der eine Jungfrau in das Liebesleben einführt. Das ist impertinent, aber die Frau läßt es geschehen, also macht er weiter.

Schon beschenkt er sie, legt er ein teures Tuch um sie, führt er sie an der Hand in sein Liebesnest. Alles geschieht ganz selbstverständlich, ohne Hektik, ohne Geilheit, ohne Hast. Er weiß Tricks des zuverlässigen, sympathischen Mannes von Welt anzubringen.

Mickey Rourke spielt das ganz gelassen. Er setzt auf seine äußere Erscheinung, die wirklich anziehend ist: schlank, jungenhaft, seriös, sensibel, männlich. Leichter Bartschatten, zurückgekämmtes kurzes Haar, Dauerlächeln. Das Lächeln ist manchmal etwas zu dick aufgetragen, dahinter erkennt der Zuschauer die Absicht, eine wirksame Waffe gewinnbringend einzusetzen. Und auch seine vertrauenerweckenden Augen blicken manchmal zu lauernd, besonders wenn Rourke den Kopf zur Seite neigt, während er sein Opfer taxiert. Er macht auf Wirkung.

Seine Bewegungen sind ruhig, gleitend, sinnlich, sexy: Wenn es sein muß, tänzelt er auf schnellen Beinen, wie ein Boxer. Wenn er an die Frau, die er begehrt, herantritt, ist er physisch ganz gegenwärtig. Glaubwürdig spielt er den erotisch erfahrenen Mann: dezent, zurückhaltend, begehrlich, sehr zärtlich und überwältigend aktiv. Ein Liebhaber von Format.

John lebt in einer eiskalten High-Tech-Welt, in der die alltägliche Abwesenheit jeglicher Sinnlichkeit zwangsläufig raffinierte Genüsse und Begierden nach sich zieht. Erotik ist aus der unmittelbaren Umgebung seiner Arbeitswelt, des Büros, selbst seiner Wohnung völlig verbannt. Genußvoll staut John seine erotischen Energien und überträgt sie dann geballt auf seine weiblichen Eroberungen. Um so zärtlicher kann er dann sein, wenn eine neue Beute »erlegt« ist, auf ihn eingeht und auf sein Kommando hört.

Mickey Rourke sieht schüchtern und arrogant zugleich aus, verlegen und größenwahnsinnig, jungenhaft und verlebt. Er vereint wieder einmal viele Widersprüche.

Unter seiner weltläufigen Larve ist dieser Mann John infantil. Er braucht ein erotisches Püppchen, mit dem er spielen kann, das ganz für ihn da ist, das seine Wünsche befriedigt. Ein Püppchen ohne eigenen Willen, ohne

Namen, ohne Eigenleben. Ein Objekt, an dem er herumfingert, an dem er sich aufgeilt, an dessen Geilheit sich der Voyeur ergötzt.

Er bittet, aber eigentlich befiehlt er. Natürlich hat dieser Mann einiges drauf, aber an den Bedürfnissen seines Gegenübers ist er kaum interessiert. Es geht um seine Wünsche.

Daß dieses emotionale Ungeheuer so sympathisch wirkt, liegt allein am Spiel von Rourke. Wer könnte diesen Terroristen der Liebe, diesen Patriarchen der Erotik sonst spielen? Dieses auf Geld- und Liebemachen reduzierte große und eigensinnige Kind mit dem unwiderstehlichen Lächeln und dem soften Sadismus? Diese Rolle ist ei-

Oben: John und Elizabeth treffen beim Spaziergang am Atlantik einige Jungs, die etwas Besonderes können

Linke Seite: Rourke und Basinger – ein schönes Paar. Auch wenn es außerhalb der Leinwand nicht so recht zwischen ihnen funkte

Oben: Das Paar in »9 1/2 Wochen« auf der Flucht vor Straßenrowdys

Rechte Seite: Rourke mit Ariane als Tracy Tzu in dem Film »Im Jahr des Drachen«/ »Manhattan Massaker«

gentlich nicht spielbar, aber Rourke spielt sie – mit äußerster Zurückhaltung und einem feinen Instinkt für das Abstoßende dieser Figur. Der diktatorische Devisenmakler als zärtlicher Freund der Frauen.

***

Auch als der Film schon in den Kinos war, gifteten sich Hauptdarsteller und Regisseur in der Presse weiterhin ununterbrochen an. Rourke warf Lyne ein kleinkariertes, verbiestertes Verhalten vor, und umgekehrt sagte Lyne: »Dieser Mensch lügt, wenn er nur den Mund aufmacht, das ist krankhaft bei ihm.« Die Dreharbeiten waren sicher nicht die reine Freude gewesen, doch diese Auseinandersetzungen in der Öffentlichkeit wirkten wie Schaukämpfe von narzistischen Halbwüchsigen.

Arbeit ist die beste Medizin für Konflikte. Und so stürzte sich Mickey Rourke schnell in sein nächstes Projekt. Die Beziehung zu seiner Frau Debra stagnierte zu dieser Zeit ebenfalls – sie wohnte in Los Angeles, er in New York – also schien Kreativität der geeignete Ausweg aus Katerstimmungen aller Art zu bieten.

Als er den Regisseur Michael Cimino traf, für dessen Epos *Heaven's Gate* er damals zwar vorgesehen war, aber nicht zum Einsatz kam, sagte Rourke spontan zu, die Hauptrolle in *Im Jahr des Drachen* (1985, später erhielt der Film den Videotitel *Manhatten Massaker*) zu übernehmen.

Die Arbeiten zu diesem Film, in dem Rourke die Rolle eines Toughguy mit Dienstmarke nur spielte, weil Cimino ihn darum bat, begannen noch vor der Uraufführung von *9 1/2 Wochen*. Rourke erklärte: »Es war nicht so, daß ich herumsaß und gierig darauf wartete, endlich einen Bullen spielen zu dürfen. Ich glaube nicht, daß ich den Film gemacht hätte, wenn ein anderer als Cimino mir das Drehbuch gezeigt hätte.«

Rourkes Skepsis hinsichtlich seiner neuen Rolle entsprach der Haltung eines anarchischen Underdog aus dem Proletariat, der mit Autoritäten aller Art und besonders mit der Staatsgewalt Probleme hat. Der Star hat sich immer zugute gehalten, nicht zu kuschen, hat Schwierigkeiten mit Produzenten und Regisseuren in Kauf genommen. Und den harten Captain Arthur Powers konnte er nur deshalb spielen, weil dieser eine gebrochene Figur war, die bei Vorgesetzten aneckt und eine sehr eigenwillige Vorstellung von Recht und Ordnung vertritt. Eine komplexe Gestalt.

Mehr als vier Monate benötigte Rourke, um sich die Figur des besessenen Polizisten nach der Romanvorlage von Robert Daley zu erarbeiten. Er spürte die Energien, die von einem solchen Helden im Dschungel von Chinatown ausgingen. Er empfand die fiebrige Intensität eines Polizisten, der vor Ort recherchiert und von allen Seiten bedroht wird, sowie das Lebensgefühl des »einsamen Tigers im Dschungel«, das schon Jean-Pierre Melville in seiner Samurai-Großstadt-Ballade *Der eiskalte Engel* (1967) beschworen hatte. Dieses Gefühl war Rourke, dem Kind der Straße, bekannt. »Cimino«, sagte Mickey Rourke, »suchte nicht einen Darsteller, der auf Emotionen aus war, er suchte einen, der in der Rolle leben würde – jeden Tag.«

Rourke fuhr nach Los Angeles und begleitete einen legendären Captain der dortigen Polizei bei seinen Einsätzen. Den Namen des Polizisten, Stanley White, übernahm er dann aus Respekt und Sympathie in den Film (der ursprüngliche Drehbuchname Arthur Powers wurde gestrichen). »White nahm mich mit«, erzählte der Star, »und ich sah aus nächster Nähe achtundzwanzig Mordfälle, Typen, die auf der Straße lagen und denen die Lunge heraushing, Frauen, die mit aufgeschlitzten Armen und heraushängenden Augen in ihrem Bad lagen.«

Der authentische Polizist Stanley White war es also, der Rourkes Rolle in *Im Jahr des Drachen* entscheidend geprägt hat. Wer den Film kennt, weiß, daß sich Rourkes Spiel hier von allen anderen Rollen unterscheidet, die er je übernommen hat. Er spricht

anders, er bewegt sich anders, seine Gesten sind anders: Aus dem erotisch angehauchten, sympathischen Smartie hatte sich Rourke für die Dauer der Drehzeit in ein verbittertes, aber charismatisches Ekel im Einsatz verwandelt.

Im Jahr des Drachen

Ein Boß der China-Mafia ist ermordet worden, und Captain Stanley White wird nach Chinatown abkommandiert, um zu ermitteln. Mit seinem in die Stirn gezogenen Bogart-Hut auf graumeliertem Haar, mit Schlips und Kragen unter seinem Flanellwintermantel gleicht White einem Geschäftsmann von der benachbarten Wallstreet, aber sein Schlangenlächeln deutet etwas anderes an. Captain White, eigentlich Wyschinski, Sproß einer eingewanderten polnischen Familie, ist ein Kotzbrocken, ein Bulle der hartgekochten Sorte, der höchstdekorierte Polizist der Stadt New York.

Er sieht sich selbst als »neuen Marshal in Chinatown«. Jetzt gelten seine Regeln. Er zieht als erstes eine coole Nummer bei den chinesischen Bossen ab, spielt den eiskalten Profi und amüsiert sich danach über die gelungene Vorstellung. Sein Grinsen nach dem Besuch in der Höhle des Löwen verrät, daß er so ausgekocht doch nicht ist, wie er vorgibt. Sicher ein harter Brocken, aber nicht ohne Gefühle.

Seine Kleidung ist von ausgesuchter Dezenz: grauer Mantel, dunkelblauer oder brauner Anzug, graues oder schwarzes Hemd, blauer oder brauner Schlips, brauner Hut, braune Socken.

Oben: Der harte Bulle in Chinatown, Stanley White, besucht seinen Widersacher Joey Tai (John Lone) in dessen Kommandozentrale

Rechts: Captain White in typischer Einsatzpose, hier vor Ort in Chinatown. Der Film »Im Jahr des Drachen« vermittelte die Atmosphäre des Viertels sehr realistisch

Dazu kommt noch ein ausgesucht profilierter Charakterkopf. Er hat Stil.

Durch seine Abteilung im Polizeihauptquartier bewegt sich Stanley White wie eine Dampfwalze. Niemand kann ihn leiden. Alle sagen, er sei ein großartiger Polizist, aber keiner kann ihn ausstehen. Denn er agiert, als hätte sein Job ihn zum Experten für alles gemacht.

Mickey Rourke siedelt diesen Bullen etwa zwischen Humphrey Bogarts improvisations- und trickreichem Pri-

Captain White ist als Bulle im Dienst ein Berserker, der keine Regel unverletzt läßt

vatschnüffler Sam Spade in *Die Spur des Falken* (1941) und dem Super-Polizeichef Hank Quinlan in Orson Welles' *Im Zeichen des Bösen* (1957) an. Wie bei diesen ist auch seine Ermittlungsarbeit oft fragwürdig, gewalttätig, borniert. Aber sein Motiv ist redlich: die absolute Liebe zum Gesetz. Und er behält am Ende recht.

White will respektiert werden. Es ist also nicht weit her mit seinem Selbstbewußtsein. Er hat das Einwanderungstrauma. Und ein Vietnamtrauma noch dazu. Zum Glück breitet der Film das letztere nicht weiter aus. Vorzüglich spielt Rourke die Arroganz desjenigen, der die Kinder reicher Leute, das reiche Fernsehen, reiche Eingewanderte, Tennisspieler, Golfer, Segler sowie Anwälte haßt und seine Traumata vertuscht. Das stereotype Lächeln verleiht seinem Gesicht etwas Überhebliches, er verbreitet die gleiche Scheinfreundlichkeit wie die Chinesen, die er im korrupten Chinatown bekämpft. Aber seine Ziele sind klar definiert: Er will das Gesetz nach Chinatown bringen, dafür ist ihm jedes Mittel recht.

Um so verblüffender wirkt es, wenn sich dieser beinharte Bulle plötzlich als zärtlicher Liebhaber entpuppt. Und nur er darf im gegenwärtigen US-Kino Sätze sagen wie: »Ich weiß selbst nicht, warum ich so geil darauf bin, Sie zu ficken.« Ja, genau das sagt er als Captain White zur TV-Journalistin Tracy alias Ariane, und sofort ist dieser Macho-Lover mit den vom Zuschauer vermuteten und von den Medien behaupteten prickelnden erotischen Angewohnheiten präsent. Auch als einer, der verletzlich ist, weil er sich auf eine Frau einläßt. Der eifersüchtig auf den weißen Mittelklasse-Liebhaber des Mädchens reagiert, das er gerade haben will.

In dieser Rolle ist Mickey Rourke immer am besten: Wenn der zwielichtige Kerl weich wird und Gefühle zeigt. Wenn er plötzlich sagt: Ich habe niemanden, zu dem ich gehen kann. Oder: Ich will einfach nur mit dir zusammen sein. Oder: Ich komme mir vor wie das letzte Arschloch.

Aber auch, wenn er als Sensibler plötzlich den Schweinehund in sich herauskehrt – es sind die von ihm verkörperten Gegensätze, die diesen Star, egal in welcher Rolle, anziehend machen.

Im Polizeirevier ist er dann schnell wieder der Brutalo. Er zieht die Krempe seines Filzhutes in die Stirn und taxiert seine Vorgesetzten wie die Schlange das Kaninchen. Für fast alles, was außerhalb seiner selbst liegt, hat er nur Zynismus übrig. Vor allem aber für Vorgesetzte, die – seiner Meinung nach – keine Ahnung von der Praxis vor Ort haben. Captain White steht damit in einer langen Reihe traditioneller Kinohelden mit Dienstausweis und Polizeirevolver.

»Ich will den Bossen hier in diesem Viertel den Arsch aufreißen«, verkündet Captain White. »Ich will, daß hier aufgeräumt wird. Ich will Chaos.« Der Mann, der von sich sagt, er habe einen »Haufen Heftpflaster auf seiner Seele«, spielt jetzt ganz den – moralisch motivierten – Actionhelden. Er fällt über Chinatown her wie weiland Dschingis-Khan über Europa. Mickey Rourkes graumelierte Haare scheinen bei diesem Vorhaben gleich noch etwas grauer zu werden. Seine Gesichtszüge sind während der folgenden Sequenzen verhärtet. Plötzlich ist aus dem liebenswerten Macho wieder das Einsatz-Ekel geworden.

Auch das steht ihm. Er scheint einfach alles zu können. Und sein Captain hat auch noch Spaß daran, das Viertel durchzupflügen. Er schiebt seinen Hut noch etwas verwegener und eitler in die Stirn und genießt es, der böse Bulle vom Dienst zu sein.

Als Zuschauer weiß man nicht, ob man diesen polnischen Rowdy mit Dienstmarke gern haben soll. Er ist der Typ Polizist, der eine Tür einschlägt und dann erst klingelt. Der zuschlägt und den Verhörten danach über seine Rechte aufklärt. Der im Einsatz völlig außer sich gerät. Der durchgreift – auch gegen die eigenen Leute. Seine Vorstellungen vom Siegen – in Chinatown oder Vietnam – sind zweifelhaft. Einen Vorteil hat er allerdings: Er ist ehrlich. Er schont sich selbst nicht.

Die Rolle des Captain White ist sicher Rourkes stärkste. Sie verlangt ihm in konventionell mimischer Hinsicht alles ab. Vom expressiven Ausbruch bis zur stillen Träne am Grab seiner ermordeten Frau bietet er alles. Und die Rollenfigur in diesem Film ist zu komplex und schwierig, um sie mit ein paar der üblichen Rourke-Manierismen zu erledigen. Regisseur Cimino zwingt den gelernten Schauspieler im Star, seine Arbeit zu tun. Und Mickey Rourke zeigt, daß er auch das kann.

***

Viele Kritiker standen am Ende auf der Seite Ciminos, aber insgesamt gesehen konnte man sich nicht darauf einigen, ob *Im Jahr des Drachen* ein Meisterwerk oder aber gigantischer Kitsch war. Ein deutscher Kritiker (Michael Athlen) lobte den Film u. a. auch deshalb, weil »der außergewöhnliche neunundzwanzigjährige Mickey Rourke mit ergrautem Haar einen Mittvierziger spielt«; aber »Films in Review« meinte nur: »Der talentierte Mickey Rourke ... ist eine verstörende Fehlbesetzung.«

Generell gesagt, kam der Film in den USA, wo er allzu eng als Genrestreifen gesehen wurde – obwohl Michael Cimino kein Genreregisseur ist –, nicht gut an. Einflußreiche chinesische Kreise warfen dem Film sogar Rassismus vor. In Europa dagegen, wo sowohl Michael Cimino als auch Mickey Rourke stärker geschätzt werden, hatte der Film Erfolg. Und Rourke, der sich mit seinem Helden persönlich identifiziert hatte, meinte: »Stanley White ist immer noch in mir ... Wenn ich einen Mantel anziehe, wenn ich zur Tür gehe, muß ich mich selbst daran hindern, es so zu tun, wie er es machen würde.«

Bei einem Überfall in einem chinesischen Restaurant verteidigt White sich und die schöne Journalistin Tracy Tzu (Ariane)

Mickey Rourkes kluge Agenten wußten zu dieser Zeit längst, daß ihr Schützling in europäischen Kinos mehr geliebt wurde als in den USA. Das liegt zum Teil an der unberechenbaren, anarchischen Haltung des Stars, der einen einmal errungenen Erfolg nicht wiederholen will, sondern lieber an ganz anderer Stelle neu ansetzt.

Ein derartiges Verhalten versteht Hollywood nicht, und das von Hollywood beeinflußte Filmpublikum in den USA ebensowenig. Im Gegensatz zu Stars wie Sylvester Stallone, die ihren Fans ständig das gleiche servieren und Rocky wie Rambo auch noch als Rentner anbieten, weil diese Figuren eingeführt sind, wird Rourke nur durch etwas Neues herausgefordert. Und auch nur durch das Risiko. Deshalb sagte Rourke zu, als der englische Regisseur Alan Parker an ihn herantrat, um ihn für *Angel Heart* (1987) zu gewinnen, eine düstere Ballade zwischen Detektivfilm und Voodoo-Thriller im Stil der Schwarzen Serie. Rourkes Entscheidung wurde auch dadurch beeinflußt, daß er zum erstenmal an der Seite eines Superstars auftreten und sich deshalb mit diesem messen konnte: mit Robert De Niro.

Alan Parker gestand nach Drehschluß zu diesem Punkt: »Das war wie ein Boxkampf. Ehrlich, ich glaube, daß De Niro von Mickey Rourke geschlagen wurde.«

Auf Boxkämpfe versteht Rourke sich eben besser!

Dieser Film-Fight zwischen den Männern, ohne Fäuste und Ring, ist einer der faszinierenden Höhepunkte des Films. Beide Stars, obwohl am gleichen »Actors' Studio« in New York geschult, vertreten deutlich unterschiedliche Stile.

De Niro, der einer anderen Generation angehört, erfaßt die Rollenfigur vom Kopf her, ist intellektuell, absolut konzentriert, verwandelt sich von Rolle zu Rolle, ja von Sequenz zu Sequenz. Rourke dagegen bringt seine eigene Biographie in das Spiel ein, was auch dazu führt, daß seine Rollenfiguren nachlässig, schlampig, überheblich, unkonzentriert und provokant erscheinen. Das bedeutet auch: Er improvisiert gern und spontan.

»Mit De Niro zu drehen«, sagte Rourke später, »erschöpfte mich. Er ist derart konzentriert, die ganze Zeit, daß es die Atmosphäre bei den Dreharbeiten veränderte, eine angespanntere Stimmung herrschte. Ich fühle mich wohler, wenn es um mich herum cool ist. Wenn wir zusammen drehten, war ich abends völlig entkräftet . . .«

Es war ein »Kampf« zweier ganz Großer. Rourke mußte sich einiges einfallen lassen, um gegen De Niro zu bestehen. Ob das gelang, muß jeder, der den Film kennt, selbst entscheiden.

Wie spielte Rourke die Rolle des Privatschnüfflers Harry Angel, der am Ende zur Hölle fährt?

Europa

Angel Heart

Harry Angel löst sich aus den matten Farben der Häuserfront einer belebten Straße in New York. Er fabriziert eine Kaugummiblase. Wir schreiben das Jahr 1955.

Wie James Dean auf dem berühmten Bild von Gottfried Helnwein, das nach einem Originalfoto entstand, streunt Angel alias Mickey Rourke durch die Stadt. Wie Dean umgibt ihn sofort eine Aura von Coolness, Verzweiflung, Einsamkeit und Sinnsuche. Auch wenn er Anzug und Schlips trägt, sieht er müde und abgewrackt aus, und die Zigarette scheint ihm nicht zu schmecken. Er zieht die Schultern hoch und schlägt seinen Wintermantel fast gierig um sich. Und das liegt nicht nur an der Kälte.

In seinem kärglichen Büro blüht er jedenfalls nicht auf. Er setzt eine Hornbrille auf, steckt sich eine neue Zigarette an und kramt in seinen Unterlagen. Ein neuer Auftrag bringt ihn nach Harlem.

Linke Seite: Rourke als Privatschnüffler Harry Angel in »Angel Heart«

Unten: Harry Angel bei einem seiner mysteriösen Einsätze

Mickey Rourke ist sofort präsent. Sein Gang ist fest, seine Gesten sind sicher. Für jede Szene besitzt er ein gut getimtes und erprobtes Repertoire an Ausdrucksmöglichkeiten. Als er seinem Auftraggeber Louis Cyphre gegenübertritt, der sich später als der Leibhaftige entpuppt, fühlt sich seine Rollenfigur Angel verständlicherweise unwohl, ohne dies genau erklären zu können. Rourke findet für diese Situation einen Ausdruck und Bewegungen, die jeden Zuschauer dieses Gefühl fast körperlich nachempfinden lassen.

Daß seine Figur Harry Angel, der Privatdetektiv des Kleinkrams, mit der Sache, in die er hier hineingerät, nicht klarkommt, ist schon jetzt in Rourkes Spiel angelegt. Harry Angel ist ein mickriger, ängstlicher, aber auch humaner und ziviler Typ. In Rourkes unrasiertem Gesicht mit den vielen Unebenheiten, in der Art, wie er sein fettiges Haar zurückstreicht, in seiner Sitzhaltung, in seiner Art, zögernd und umständlich zu sprechen, in seinen übermäßig wachen Augen, die Gefahr auch dort wittern, wo keine ist – in all diesen Elementen zeichnet sich die Psychologie des Privatschnüfflers Angel ab, die Rourke absolut verständlich zum Ausdruck bringt.

Harry Angel muß sich beeilen

Berufsbedingt nimmt die Schäbigkeit dieses »Private eye« zu. Als Rourke bei einem drogenabhängigen Informanten auftaucht, von dem er den Aufenthaltsort eines Vermißten erfahren will, wird er zudringlich. Er rückt dem Mann, dem der kalte Angstschweiß ausbricht, auf den Leib. Und das ganz wörtlich. Er faßt ihn an, kneift ihn in die Backe, tätschelt ihn drohend, flüstert aufdringlich in sein Ohr. Er würgt ihn mit seiner Krawatte und bläst ihm seinen Atem ins Gesicht. Er bedroht ihn einfach dadurch, daß er den Bedrohlichen spielt. Mikkey Rourke als Ekelpaket. Was er überzeugend rüberbringt.

Die Regie läßt das zu, weil Sonnyboy Rourke im Handlungszusammenhang dennoch die sympathischste Figur ist und bis kurz vor Schluß auch bleibt. Ein kleiner Mann, der Angst hat, obwohl er sich – scheinbar kaltblütig – am Schuh eines Toten ein Streichholz anzündet. Ein unbeleckter Schnüffler, der in einen Fall hineintaumelt, der buchstäblich zur Hölle stinkt.

Rourke stattet den Privatdetektiv mit allem aus, was diese klassische Figur in einem amerikanischen Thriller haben muß: Er ist unrasiert, den Mantelkragen hat er hochgeschlagen. Gefahr ist sein Geschäft. Er ist zynisch, hat aber eine felsenfeste moralische Überzeugung: die des ehrlichen Einzelkämpfers, der das Zivilleben genauso ernst nimmt wie den Job. Er ahnt, daß sein Auftraggeber eine größere Schandtat hinter der kleineren, die er aufdecken soll, verbirgt – und deckt sie dennoch illusionslos auf. Hartgesotten verstrickt er sich in die Labyrinthe des Milieus – eine schäbige Spürnase in der Gosse, selbst nicht ganz astrein, aber der beste Mann am richtigen Platz. Ein einsamer Mann, dessen Stolz es ist, daß man seinen Stolz respektiert, der tut, was getan werden muß. Das macht er ganz unspektakulär: Er geht in eine Bar, steckt sich eine Zigarette an, trinkt Whiskey, quatscht Leute an, läuft mit den Händen in den Taschen herum. Er ist ein freier Mann, der aber nichts verändert und am Ende wieder von vorn anfängt – sofern er nicht zur Hölle fährt.

Harry Angel setzt seine Recherchen in New Orleans fort. Sein Anzug ist jetzt heller, aber sonst tut er das gleiche: Er saugt entweder an Camel-Zigaretten oder bläst seinen Kaugummi zu einer Blase auf. Allerdings scheint sein Bart in der Hitze Louisianas schneller zu sprießen, und er schwitzt jetzt stärker.

Die Bewegungsform dieses Detektivs, den Mickey Rourke spielt, ist die eines Mannes, der absolut an die Verhältnisse angepaßt ist, in denen er verkehrt. Wie ein Chamäleon verändert er seine Haltung, Unauffälligkeit ist seine Devise, manchmal nimmt er Aussehen und Farbe der Wände an, vor denen er steht. Das macht ihn nicht gerade vertrauenerweckend, aber so überlebt er. Und Mickey Rourke muß schon sein ganzes Können aufbieten, um seine natürliche Präsenz wegzuspielen, um weniger zu scheinen, als er eigentlich ist.

Durch Aktion gewinnt er seine Präsenz zurück. Er bekommt einiges zu tun und darf beweisen, daß er durchtrainiert ist. Bald läuft alles an ihm herunter, Öl aus den Haaren, Schweiß aus allen Poren, Regenwasser, Blut aus Hieb-, Stich- und Schlitzwunden. Angel scheint sich langsam in Flüssigkeit aufzulösen, pausenlos trinkt er Bier, um nachzufüllen. Auch seine Persönlichkeit löst sich unaufhaltsam auf, denn immer mehr Leichen säumen seinen Weg, und immer wüstere Alpträume suchen ihn heim. Mit den Tricks eines absteigenden Schnüfflers aus Brooklyn ist dieser Fall nicht mehr zu meistern.

Harry Angel trifft sein späteres Opfer Epiphany Proudfoot (Lisa Bonet)

Als würde Rourke schon für seine Rolle in *Barfly* (1987) proben, stampft er durch den Countdown der Story. Mit schwerem Schritt sieht er massiger, muskulöser und männlicher aus, als es der smarte Junge eigentlich ist. Er entblößt seinen Oberkörper, sein Herzschlag wird lauter, der Schweiß trieft, nicht nur die Hitze von Louisiana setzt ihm zu.

Er weiß bald mehr, als er wissen will. Furchtbar ist das Wissen, das dem Wissenden keinen Gewinn bringt. Und am Ende, als er sich doch als Bösewicht – und als verdammter noch dazu – entpuppt, der nun tatsächlich im Fahrstuhl zur Hölle hinabfährt, wünscht sich der Zuschauer, Harry Angel wäre nichts anderes als der kleine Schnüffler aus Brooklyn, den Mickey Rourke so überzeugend verkörpert hat.

***

Mickey Rourkes Ansehen als wandlungsfähiger Schauspieler, der sich nicht um Einspielergebnisse, sondern um künstlerische Herausforderungen kümmert, stieg mit Alan Parkers Film – zumindest bei denjenigen, die Augen und Ohren haben. Es gelang ihm, der klischeebehafteten Rolle des desillusionierten Privat eye, der

Angel besucht Margaret Krusemark (Charlotte Rampling): eine Begegnung mit tödlichem Ausgang

zum letzten Mal zur Sache kommt, einige neue Nuancen abzugewinnen. Geholfen haben ihm dabei die geschliffenen Dialoge, die in der Tradition von Autoren wie Jim Thompson »Getaway«, David Goodis »Street of No Return« oder Raymond Chandler: »The Big Sleep«, von bester hartgesottener Qualität waren.

Die sogenannte seriöse Kritik hatte jedoch Vorbehalte.

»Zugkräftige Stars wie Robert De Niro, Mickey Rourke und Charlotte Rampling«, wußte der Schweizer Kritiker Michel Bodmer zu verkünden, »können . . . nicht schaden.« Und ein anderer Profi-Seher deutscher Gazetten, Karsten Visarius, behauptete: »Mickey Rourke spielt vergeblich gegen ein unsinniges Drehbuch an, um seiner Figur eine psychologische Tiefendimension zu verleihen. Das kann nur schiefgehen . . .«

Die Kritik hielt den Film *Angel Heart* wieder einmal – wie jeden Film – für eine soziologische Reportage, diesmal aus New York und New Orleans, und nicht für das, was er wirklich ist: schillerndes Kino. Sie nahm Parker übel, zu unkonventionellen und außergewöhnlichen Mitteln gegriffen zu haben, um eine faszinierende Geschichte zu erzählen, und Mikkey Rourke nahm sie übel, daß er versucht hatte, diesem Spektakel seinen schauspielerischen Ernst und damit künstlerische Weihen zu verleihen. Die Kritiker hatten wieder einmal alles durchschaut, aber nichts gesehen.

Mickey Rourke sagte mit seinem üblichen Lakonismus: »Man kann es nicht jedem recht machen. Ich mache Filme für eine Mehrheit, aber ich will keine Filme drehen, die jedem gefallen.« Und er fügte den bezeichnenden Satz hinzu: »Ich mache die Filme nur für mich. Denn man ist hier auf Erden nur so lange, um eine Tasse Kaffee zu trinken, das ist alles. Ich habe nur ein Leben, und ich kann nicht allen gefallen . . .«

Die zunehmenden Probleme, die der Star mit Hollywood und den US-Kritikern bekam, die seine Arbeit permanent zu mißverstehen beliebten, führten dazu, daß er sich stärker nach Europa orientierte.

Eine englische Produktion bot ihm die Gelegenheit, diesen Kontakt zu vertiefen.

Da seine Eltern irische Katholiken sind und das bittere Schicksal armer Einwanderer am eigenen Leib erlebt und an die Kinder weitergegeben hatten, da Rourke sich darüber hinaus eine eigene Meinung über die irischen Verhältnisse gebildet hatte, die mit der Meinung der inzwischen in den USA beheimateten Exil-Iren weitgehend übereinstimmt, sagte er zu, einen Film über die Irisch Republikanische Armee (IRA) zu machen.

Der Terror, den der militante Flügel der IRA ausübt und den dieser als

Maßnahme gegen latenten Terror der Besatzungsmacht England in Nordirland ansieht, stößt bei den Exil-Iren in den USA weitgehend auf Sympathie. Man ist der Meinung, die Armut Irlands hinge ursächlich damit zusammen, daß das Land eine besetzte Kolonie ist.

In dem Film *Auf den Schwingen des Todes* (1987) wird der Krieg zwischen Nordiren und Engländern thematisiert. Und Mickey Rourke betrachtete es als eine Art Solidaritätsadresse an das Heimatland seiner Eltern, in diesem nachdenklichen Film die Hauptrolle zu übernehmen.

»Ich weiß«, sagte Rourke, »daß die Bürgerrechte der katholischen Minderheit so mißachtet werden wie die der Schwarzen in Amerika. Ich sah auf den Friedhöfen Gräber von Jungen, die mit achtzehn oder zweiundzwanzig gestorben sind. Ich freute mich über die Gelegenheit, einen Film zu machen, der etwas Positives aussagt und der erklären könnte, warum jemand zur IRA geht.« Er war nach Belfast gefahren und hatte sich dort an einem geheimen Ort mit Kämpfern der IRA getroffen.

Probleme hatte es zunächst mit der Besetzung gegeben. Für die Rourke-Rolle war ursprünglich »Mad Max« Mel Gibson vorgesehen. Und Drehbuchautor Edmund Ward wollte, nah an der Romanvorlage von Jack Higgins bleibend, aus der Hauptfigur eine Art irischen Chuck Norris machen. Das war mit Rourke nicht möglich.

Im Vorfeld der Dreharbeiten kam es zu Schwierigkeiten, die an den Starrsinn der Bürgerkriegsparteien in Nordirland erinnerten. Die Probleme wurden schließlich »unblutig« beigelegt. Aber zufrieden war danach niemand mehr. Die eine Seite sah den Kassenerfolg gefährdet, die andere den politischen Anspruch. Auch Rourkes Vorstellung, der Film sei eine Politparabel über einen Mann, der von der Gewalt zum Leben zurückfindet, ging nur zum Teil auf.

Immerhin hatte der US-Star irischer Abstammung versucht, durch sein Spiel die Zwischentöne zu betonen.

Rourke als Martin Fallon in der Eröffnungssequenz von »Auf den Schwingen des Todes«

Auf den Schwingen des Todes

Er steht im Hinterhalt. IRA-Terroristen stellen eine Sprengstoff-Falle, und Martin Fallon überwacht die Aktion mit dem Karabiner im Anschlag. Die Sonnenbrille vor seinen schmerzenden Augen, die schon alles gesehen haben, versperrt ihm nicht den Durchblick auf die grünen irischen Wiesen, die vor ihm liegen und über die der »Feind« kommt. Als dann statt englischer Jeeps ein Schulbus mit Kindern in die Luft fliegt, verschlägt es Fallon vor Entsetzen den Atem. Wie angewurzelt bleibt er stehen, während seine Mitkämpfer fliehen.

Mickey Rourke sieht in Jeans und

gefüttertem Parka, mit langem rotem Haar, Koteletten und Fünftagebart so angepaßt aus wie nur irgendein Ire auf der grünen Insel, der gerade ein Pint of Bitter trinkt. Das ändert sich auch in der anschließenden Szene nicht, die in London spielt. Rourke alias Martin Fallon ist zwischen den Engländern schnell als Ire zu identifizieren.

Als Terrorist ist er »der Beste«. Wie eine Katze schleicht er über die Tatorte. Sein Privatleben kann man sich nicht vorstellen, er hat keins, er ist Berufstäter. Wie weiland Zbigniew Cybulski in Andrzej Wajdas *Asche und Diamant* (1958) hat dieser Partisan nur eins gelernt: töten. Das bringt ihn nahe an die andere Seite seiner Profession: an das Getötetwerden. Beide Seiten sind in Rourkes Darstellung von Anfang an angelegt. Denn seine Rollenfigur wirkt nicht nur gefährlich, sondern auch gefährdet. Zynisch, resigniert, hoffnungslos, ein einsamer Tiger im Dschungel des Bürgerkriegs. Und wenn schon ein Held, dann ein negativer.

Fallon als Todesengel führt seinen letzten Auftrag aus

Das einzige, was sich dieser Berufskrieger zwischen zwei Schlachten gönnt, ist Schlafen. Aber auch da bleibt er so professionell, daß er beim leisesten Nahen einer Gefahr sofort aufwacht. Und schon verschmilzt er wieder mit der Umgebung, verwächst mit seinem abgesägten Karabiner, taucht unter wie eine Kanalratte im Abflußrohr, absolut geschmeidig und angepaßt an die örtlichen Verhältnisse.

Ein Mann, der so agiert, hat alles hinter sich gelassen, was ihm bei der »Arbeit« stören könnte. Er leistet sich keine Emotionen, keine Sentimentalitäten, keine Erinnerungen, keine Hoffnungen – keine Schwächen. Er ist nur noch die Hand am Abzug.

Mickey Rourke spielt die Laus im Pelz der englischen Besatzer. Er verbeißt sich. Er läßt nicht locker. Aber plötzlich droht ihm Gefahr von der eigenen Seite. Man beginnt, an seinem Einsatzwillen zu zweifeln, und verrät ihn der Polizei. Fallon gerät zwischen die Fronten.

Oben: Der ehemalige IRA-Terrorist Fallon gerät zwischen die Fronten und wehrt sich

Links: Fallon begegnet der blinden Anna (Sammi Davis)

Er hat Dutzende umgebracht. Aber niemals für Geld. Er hatte seine Gründe. Fallon ist ein Killer aus Überzeugung. Er macht alles für die gerechte Sache. Aber jetzt gibt es niemanden mehr, der nicht bereit wäre, ihn zu verpfeifen. Er ist wie ein gehetztes Tier, das nicht mehr zur Ruhe kommt. Seine Haare und sein Barthaar wuchern, seine Kleidung verdreckt. Er zieht die Schultern hoch und streicht sich über die trockenen Lippen. Er senkt den Kopf. Dann übernimmt er den Revolver mit aufgeschraubtem Schalldämpfer für den letzten tödlichen Auftrag.

Der Film zeigt Mickey Rourke in ständiger Bewegung. Er kommt und geht. Er sagt ein paar Sätze. Er verschwindet wie ein Vormittagsschatten. Er hat keine Zukunft. Rourke verkörpert in idealer Weise den Mann unterwegs, zwischen den Fronten, den Tatorten und den Extremen. Sorgfältig baut er seine Rollenfigur auf. Sein Spiel ist langsam, gleitend, genau, stark physisch angelegt. Er scheint an den Verhältnissen zu kleben.

Wenn Mickey Rourke in Wartestellung ist, keine Aktion von ihm verlangt wird, dann lehnt und lümmelt er irgendwo herum. Er stützt sich auf Gegenstände, Wände, Mauern, er entspannt sich in einer zugestellten Welt, in der es keinen Raum für große, geistige Entwürfe zu geben scheint.

Im Verlauf des Films rüstet dieser Krieger ab. Er rasiert seinen Bart, kämmt die Haare nach hinten, wagt hin und wieder sogar ein Lächeln. Sein Gesicht wird offener, fast kindlich, seine Stimme leiser und weicher. Er sieht so aus, als wolle er durch immer größere Freundlichkeit seine vergangenen Sünden abbüßen. Als sei er auf dem Sprung in die Unschuld.

Er findet nun sogar Zeit, verstimmte Orgelpfeifen zu reparieren. Sein Blick fällt wohlwollend auf eine blinde Blonde. Er trinkt in Ruhe Tee. Mit wiegendem Gang bewegt er sich durch den Film, der eine Welt voller Ängste und Gefahren ausbreitet. Aber Rourkes Gesten bleiben so knapp wie am Anfang. Er hebt hin und wieder eine Hand, verschränkt die Daumen im Hosenbund, zieht einen Mundwinkel hoch, grinst. Das ist schon alles. Mit äußerstem Minimalismus spielt er den Mann, der nichts zu erwarten hat und nichts erwartet.

Angetan mit grüner und rotbrauner Kleidung, löst sich Fallon alias Mikkey Rourke aus dem Schatten von Bäumen, Häusern, Hinterhöfen. Ein Typ, der im Herbst seines Lebens steht, ohne den Sommer erlebt zu haben. Der Film inszeniert ihn geradezu genüßlich als Teil einer melancholischen Landschaft, einer irischen Landschaft, in die nur hin und wieder einmal ein Sonnenstrahl fällt, um die tristen Farben aufzuhellen.

Fallon gibt auf. Er hält es nicht mehr aus, jede Nacht aufzuwachen, jede Nacht die Schreie kleiner Kinder zu hören. Er hat etwas verloren, er sagt: alles. Er sieht sich schon sterbend auf der Straße liegen. Und sterben will er nicht. Also steigt er aus.

Eine schöne Sequenz, wie Rourke das einem Gesinnungsgenossen klarmacht. Die langanhaltende Großaufnahme von seinem Gesicht zeigt dabei, wie wenig Mickey Rourke einsetzt, um die intensivsten Wirkungen zu erzielen.

Möglicherweise kommt der Habitus dieser Filmfigur dem Privatmann Mickey Rourke sehr nahe. Rourke scheint sich nicht zu verstellen. Er spielt, als spiele er sich selbst. Das ist zwar die Methode aller großen Stars, die ihre Persönlichkeit in die Rolleninterpretation einbringen. Aber diesmal scheint es zu stimmen: Diese Figur des Martin Fallon, in ihrer Mischung aus coolem Zynismus, sensibler Nachdenklichkeit, Lebenshunger und Zuverlässigkeit, ist Rourke auf den Leib geschrieben. Und er kann – neben phlegmatischer Lässigkeit – sogar ein paar ganz starke private Halbstarkenallüren mit einbringen.

***

Der Film, 1989 auf dem Festival von Cannes mit einigem Aufsehen vorgestellt, rief international eine zwiespältige Resonanz hervor.

Gewissermaßen zweimal Christus am Kreuz und zweimal Erlösung: In seiner letzten Szene kommt der Terrorist mit sich, seinem Gott und seinem Glauben ins reine

Wieder einmal schieden sich die Geister. Die einen gaben Rourke die Schuld am angeblichen Versagen des Films, weil er in banaler Absicht seine zynische und schmuddelige Attitüde einem Film mit höheren Ansprüchen übergestülpt habe. Die anderen hatten ein verblasenes Werk über Schuld und Sühne gesehen, dem nur die konkrete Präsenz des Stars Mickey Rourke Sinn verlieh.

»Obwohl Mickey Rourke und Bob Hoskins sich alle Mühe geben, den schmuddeligen Klischees des Drehbuchs ein wenig mehr Glaubwürdigkeit zu verleihen«, schrieb Thomas Linden in der »Kölnischen Rundschau«, »bleibt dieses zynische Gewaltepos doch nichts weiter als teurer Schund.«

Andere Kritiker wieder sprachen entweder von der »Explosivität von Knallchargen« (»Fischer Film Almanach«) oder – ganz im Gegenteil – von »erstaunlicher Überzeugungskraft« (»Zoom«).

Die Krise

Wie auch immer: Mickey Rourke hatte danach das Gefühl, mit seinen Energien am Ende zu sein. Er zog sich in seinen silbernen Caravan-Wohnwagen zurück, den er seit den Dreharbeiten zu *Rumble Fish* bevorzugt, wenn er seine Wunden lecken will.

Der Star verschwand für Wochen spurlos von der Bildfläche, düste mit seiner Motorrad-Gang, zu der Hell's Angels ebenso gehören wie Halbwelt-Freaks, über die Landstraßen des Staates New York oder Kaliforniens, betrank sich, suchte die Einsamkeit. Dann tauchte er wieder auf. »Ein Arzt mußte kommen«, erzählte er später, »und mir fast täglich Beruhigungsmittel geben. Ich konnte nicht sprechen, bekam kein Wort heraus. Meine Hände fingen an zu zittern – ich hatte keine Kontrolle mehr über sie. Ich mußte Ferngespräche mit einem Kopf-Doktor hier in Kalifornien führen, denn wenn ich mich ärgere und es für mich behalte, werde ich krank.«

Oben: »Barfly«-Regisseur Barbet Schroeder bei der Lagebesprechung mit seinen Stars Mickey Rourke und Faye Dunaway

Rechte Seite: Rourke als poetischer Schnapsheiliger Henry Chinaski in einer bizarren Glanzrolle

Vielleicht kam es dem angeschlagenen Mimen in dieser Situation gerade recht, in seinem nächsten Film einen Mann zu spielen, der in der Gosse liegt.

Der Regisseur Barbet Schroeder, mit Kultfilmen für eine kleine Gemeinde hervorgetreten (z. B. *More – mehr – immer mehr/Gier nach Lust*, 1969), bemühte sich bereits seit acht Jahren darum, Szenen aus dem Leben des Gossenpoeten Charles Bukowski bzw. Erlebnisse, die dieser mit etwa fünfundzwanzig Jahren hatte, zu verfilmen. Er hielt Rourke, nachdem er ihn in *Auf den Schwingen des Todes* gesehen hatte, für die Idealbesetzung.

Bukowski, der große poetische Schnapsheilige, hatte mehrere Jahre lang in Philadelphia und Los Angeles die Existenz einer »Barfliege« geführt. Einziger Lebensinhalt war das Saufen gewesen. »Ich prügelte mich gern«, erinnert er sich, »ich dachte, ein harter Typ zu sein. Ich soff und prügelte. Der Sinn meiner Existenz . . . Ich weiß nicht, wie ich das überstanden habe.«

Schroeder traf sich jahrelang mit Bukowski und entwickelte mit ihm in endlosen Sitzungen das Drehbuch. Für die Hauptrolle war ursprünglich Sean Penn vorgesehen, der jedoch Dennis Hopper als Regisseur wollte; die Sache platzte. Über Nacht kam Rourke ins Gespräch, der auch sofort zusagte. Als Produktionspartner konnte die allgewaltige Cannon-Group gewonnen werden.

Der Film machte Mickey Rourke vorübergehend zum Antialkoholiker. Und das war kein Wunder bei der brachialen Spielweise, mit der er in diesem beeindruckenden Lichtspiel die Regale der Kneipen abräumte.

Barfly

Wie ein Berserker tritt er auf, aber kurze Zeit später liegt er halbtot auf einem dreckigen Hinterhof. Henry Chinaski lebt auf der Wildside.

Wie eine nasse Ratte im Regen sei dieser Kerl, meint eine Barbesucherin, aber der Barkeeper ergänzt: »Er macht nur den ganzen Zirkus nicht mit, er trinkt und wartet ab.«

Während dieses Meinungsaustausches schlurft Chinaski durch die Straßen. Er geht, als stünde er bis zum Knöchel in einer langsam fester wer-

Henry Chinaski hängt an der Theke herum. Er wartet auf Schnaps, eine Prügelei und auf Ideen

denden Betonmasse. Chinaski gleicht einem Wrack. Abgerissene Klamotten, strähnige Fetthaare, verfilzter Bart. Aber sein Gesichtsausdruck ist kämpferisch. Wie der eines Straßenköters, der um einen Knochen kämpft.

Seine Visage ist aufgeschwemmt, seine Augen verquollen, sein Blick verschwimmt, seine Lippen sind geschwollen. Er sieht wirklich aus wie eine Kanalratte, hat aber den Brustkorb und den Mut eines Löwen.

Dieser Typ sieht zwar furchtbar aus, aber immer noch wie Mickey Rourke. Wenn der Schauspieler allerdings versucht, wie Charles Bukowski auszusehen, geht die Sache schief.

Rourke alias Chinaski tritt aus dem Haus auf die Straße, als gäbe er eine Galavorstellung fürs Viertel. Vor Kraft kann er kaum laufen. Bier und Rotwein haben ihn stark gemacht. Die Sinfoniekonzerte in seinem Kopf beflügeln ihn. Seine Gedichte, die er mit Bleistift auf altes Papier kritzelt, weisen ihm den Weg.

Er stampft die Straße runter in seine Stammkneipe und fängt sofort Krach mit seinem Erzrivalen an. Und wieder geht's ab in den Hinterhof, bis einer blutend im Dreck liegt. Aber diesmal ist er der andere.

Dieser Typ ist wirklich abstoßend. Warum ist er so abgefuckt? Was geht in ihm vor? Vielleicht hält er das Leben einfach nur für einen Zehn-Runden-Kampf und macht mit wie einer, der vorneweg sein will. Jeder Schlag, den er einfängt, putscht ihn nur auf. Bei jedem Hieb spürt er, daß er noch am Leben ist.

Aber natürlich spielt der Kerl diesen Wilden nur. In Wahrheit ist er ein sanftmütiger Einzelgänger, der Zuneigung zu schätzen weiß. Zum Beispiel die der Säuferin Wanda, die ihn zu sich einlädt und ihm ein paar Flaschen spendiert. Mit Wanda zieht Liebe in den Alltag des Trunkenboldes ein. Und seine Verse laufen weiter.

Chinaski ist zwölfmal im Gefängnis gewesen, er liebt Mahler und Mozart, er kann nicht tanzen, er haßt Filme, er

mag Avocados und Schopenhauer, und er kann schreiben. Seine Verlegerin hält ihn für ein Genie, er selbst hält sich für einen Penner. Und er interessiert sich für das Leid der Armen – sagt er.

Die Villen der Reichen durchmißt dieser Mann wie einen Käfig mit goldenen Gitterstäben. Gewissermaßen auf Zehenspitzen, um sich nicht mit vornehmer Sauberkeit zu besudeln. Er braucht den Dreck, die Straße, die Bars.

Das Repertoire an Gesten, Gängen, Bewegungen, das Rourke für seine Rolle einstudiert hat, beeindruckt. Eine so extrem über Körperhaltungen aufgebaute Figur hat man im Kino seit langem nicht mehr gesehen. Ganz egal, ob er wirklich Charles Bukowski meint oder ob er ihn trifft: Rourkes Fähigkeit, eine Figur zu konturieren und durch ihr Auftreten zu charakterisieren, ist phänomenal. Wenn man ihm zusieht, begreift man auch, daß die Figur Henry Chinaski in Rourkes vorangegangenen Rollen schon immer vorhanden war. In *Barfly* schält sie sich gewissermaßen zur endgültigen Form heraus.

Diese von Mickey Rourke verkörperte »Barfliege« Henry Chinaski ist wirklich einzigartig. Seinen Gang muß man gesehen haben. In Bewegung könnte man Rourke für eine Kopie des Glöckners von Notre-Dame halten, wenn Charles Laughton ihn spielt. Plus Toshiro Mifunes animalische Wildheit aus *Die sieben Samurai* (1953). Rourkes Rollenvorbereitung kam tatsächlich einem Gang durch die Filmgeschichte gleich. Aber, wie gesagt, alle Gesten sind von ihm: das Wilde, das Zärtliche, das Geduckte, das Stolze, das Artistische.

Vielleicht spielt er den Chinaski eine Spur zu manieriert. Schuld daran ist das »method acting«, also der schauspielerische Ansatz, eine Figur um jeden Preis psychisch zu motivieren und das körperlich auszudrücken. Das verführt zu Übertreibungen. Manchmal täte Rourkes Interpretation eine Spur Understatement gut.

Links und unten: Rourke als Chinaski baute seine Figur in extremer Weise über Körperhaltungen, Gesten, Gangarten auf. So gelangen ihm die Szenen aus dem Säuferleben phänomenal

Film und Wirklichkeit

Charles Bukowski, der Hollywood haßt und sich nur zögernd bereit erklärte, am Film mitzuwirken, war – unausbleiblicherweise – enttäuscht, als er den fertigen Film sah. Allerdings nicht von der Darstellung Mickey Rourkes. Der Star hatte sich zwar diesmal wegen seiner psychischen Krise nicht so gut vorbereitet, wie das bei ihm normalerweise der Fall war. Aber er brachte viel von seiner anarchischen Grundhaltung in das Werk ein. Außerdem legte er es nicht darauf an, Charles Bukowski zu porträtieren, sondern gab der Figur Raum zur Entwicklung und Selbständigkeit.

Die anfänglichen Schwierigkeiten, die bei der Diskussion des Konzepts mit dem Regisseur und dem Drehbuchautor aufgetreten waren, legten sich. Und so wurden die insgesamt zweiunddreißig Drehtage von *Barfly* zu einer positiven Erfahrung für jeden Beteiligten.

Mickey Rourke als Henry Chinaski alias Charles Bukowski in »Barfly«

Rechte Seite: Mickey Rourke im Jahr 1987 vor einem Kinoposter aus »Angel Heart« – Film und Wirklichkeit

Dennoch blieb Bukowski bei seiner ablehnenden Haltung gegenüber dem Filmgeschäft. In einem längeren Statement begründete er seine Meinung über *Barfly*, Hollywood und den Schauspieler Mickey Rourke wie folgt:

»Ich habe nie einen Penner in der Skate Road gesehen, der so angezogen war wie Rourke. Der schlimmste sah zwar immer noch besser aus als ich, aber Rourke hat wirklich übertrieben. Wie ihm die Haare runterhingen – ich glaube, Kids wie Rourke sind niemals in der Skate Road gewesen. Nun gut, irgendwie war das alles daneben.

Willst du den Unterschied zwischen einem Schauspieler und einem Drehbuchautor wissen? Mickey Rourke hat für den Film siebenhundertmal mehr bekommen als ich. Und ich hab's geschrieben, meine Worte kamen aus seinem Mund! Ich bin der Meinung, man schuldet *mir* siebenhundertmal mehr als Mickey Rourke, aber nicht, daß *er* siebenhundertmal mehr wert ist als *ich*.

Hollywood zerstört, das ist wahr. Ich habe herausgefunden, daß Hollywood viel schlimmer ist, als immer behauptet wird. Unehrlicher, verlogener, grausamer, dümmer. Alles, was ich darüber gelesen habe, ging nicht tief genug, um zu erkennen, wie dumm das ist, wie ignorant. Wie es da an Kunst, Seele und Herz fehlt. Es ist lächerlich, diese Leute haben wirklich nicht viel vollbracht, und ich weiß jetzt warum: Da mischen zu viele mit. Jeder hat etwas zu sagen. Und doch sind alle auf eine bestimmte Art und Weise ignorant. Sie sind gierig und bösartig. Diese Filme bringen nicht viel, nicht nur meiner, auch all die anderen. Ich weiß jetzt, warum sie schließlich so schlecht werden: Da gibt es kein Herz, kein gutes Gefühl, eben Busineß, ein übles Geschäft.«

Eine radikale Position, die Mickey Rourke sogar weitgehend teilt. Aber Bukowski, der »dirty old man«, war auch ehrlich genug, die reife Leistung des Schauspielers, der an der »siebenhundertfachen Bevorzugung« schuldlos ist, anzuerkennen: »Der Typ war großartig. Er wurde wirklich zur Barfliege. Er fügte seine eigene Dimension hinzu, von der ich zuerst dachte, sie ist schrecklich, er überzieht. Aber im Verlauf der Dreharbeiten erkannte ich, daß er es richtig machte. Er schuf einen sehr seltsamen, phantastischen, liebenswerten Charakter.«

Rourke gewann mit dem Film nicht nur seine darstellerische Reputation zurück, die er bei einigen Kritikern verloren hatte. Er gewann auch die Lust am Spielen zurück.

Neue Motivationen

Erneut stellte der Star Überlegungen an, ob er nicht endlich sein inzwischen acht Jahre altes Lieblingsprojekt *Homeboy* – diesmal mit einer besseren Konzeption – verwirklichen sollte.

Mickey Rourkes eigene Wurzeln stecken zu einem großen Teil im Milieu der Boxwelt. Sie war in seiner Miami-Zeit die Welt, in der er etwas galt. Als Underdog glaubte er, nur zwei Wege zum Erfolg zu haben: ein Krimineller oder ein Sportler zu werden. Daß er dann einen dritten Weg einschlug, ergab sich eher zufällig.

Rourke schwebte mit *Homeboy* keine Rocky-und-Rambo-Story vor. Sein Johnny Walker ist kein Champ, sondern ein abgehalfterter Boxer, der seine Zukunft längst hinter sich hat. Als dieser Johnny einen erfolglosen und zwielichtigen Nachtclub-Entertainer kennenlernt, startet er ein verzweifeltes Comeback.

Walker beginnt zu trainieren und tritt schließlich gegen einen Champion im Mittelgewicht an. Das Comeback endet ebenso in einer Blutlache wie der große Coup seines Sponsors, der bei einem Überfall auf ein Juweliergeschäft scheitert.

Oben und rechts: Rourke als Boxer Johnny Walker, der noch einmal seine Chance sucht

Rechte Seite: 1989 präsentierte sich der Star in Cannes selbstbewußt, auf der Höhe seines Ruhms

Rourke ließ sich bei den Kampfszenen nicht doubeln, er prügelte sich mit jedem Schlag noch einmal in seine harte Jugend zurück. Man merkt seiner Darstellung die Verzweiflung an, die damals in Miami in ihm gesteckt hatte. Rourke erklärte: »Als ich Boxer war, konnte ich durch den Kampf meine Wut, meinen Haß und meinen Schmerz loswerden. Jeder Schlag, den ich einsteckte, jeder Schlag, den ich austeilte, bedeutete damals für mich: Ich gebe nicht auf, ihr kriegt mich nicht klein.«

Mickey Rourke schrieb die Story zu diesem düsteren Melodram um Sieg und Niederlage selbst. Sein Spiel ist so verbissen, wie es seine Worte sind. Das Originelle des Films besteht darin, daß hier jemand die Geschichte eines Verlierers erzählt, der auch am Schluß kein weichgezeichnetes, effektvolles Happy-End erlebt. Ein bitterer Kommentar auf den »american way of life«, der hier von ziemlich weit unten betrachtet wird.

Einige Glanzpunkte zeichnen den Film aus, der an der US-Kinokasse floppte. Zum einen ist die Mitwirkung von Rourkes Ehefrau Debra Feuer zu nennen. Außerdem die Musik von Eric Clapton. Und die Schauplätze in Asbury Park, einer kleinen amerikanischen Stadt, die fast modellhaft angelegt ist.

Aus der Sicht des Schauspielers besteht das Bedeutsame an diesem Filmprojekt darin, daß er seine Grenzen akzeptierte, die Inszenierung an einen erfahrenen Routinier abgab und sich auf eine authentische Darstellung konzentrierte. Selbstbescheidung als eigentliche Größe – nie war diese Einsicht gültiger als bei *Homeboy*.

Der Film bedeutete für Rourke eine Art Therapie, eine Rückkehr zu den Ursprüngen seiner aggressiven sozialen Impulse. Jetzt konnte er sich wieder darauf konzentrieren, Rollen anzunehmen, die ihn schauspielerisch, nicht unbedingt biographisch, herausforderten. Und die Herausforderung brauchte der Star mehr denn je.

Rollensuche eines Superstars

Auf seine schauspielerische Krise folgte ein arbeitsintensives Jahr: Er drehte drei Filme, in denen er drei völlig unterschiedliche Rollen verkörperte.

Der erste war *Franziskus* (1989) unter der Regie von Liliana Cavani. Der Film erzählt die Lebensgeschichte von Franz Bernadone, der unter dem Namen Franz von Assisi heiliggesprochen wurde. Rourke spielte seine Rolle glaubwürdig, ja sogar »phantastisch«, wie die römische Zeitung »La Repubblica« schrieb. Und die »International Herald Tribune« fügte hinzu: »Berücksichtigt man Rourkes zeitge-

Rechte Seite: Mickey Rourke bei einem Pressetermin

Linke Seite: Szenenfotos aus »Franziskus«

A
GAUCHE
EN

In der Rolle als heiliger Franz von Assisi besaß Rourke nach Aussagen der Kritik die Intensität des religiösen Mystikers (Szenenfotos)

nössische amerikanische Wendungen, ist er gar nicht schlecht als Francesco. Er besitzt die Intensität des religiösen Mystikers.« Als nächstes drehte er *Johnny Handsome* (1989). Rourke spielt den häßlichsten Mann von New Orleans, der durch eine Gesichtsoperation zwar zum schönen Johnny wird, aber bei einem miesen Überfall gelinkt wird und scheitert. Erneut die Geschichte eines Verlierers, diesmal als rasanter Actionfilm. Mickey Rourke wirkt in diesem düsteren und gewalttätigen Märchen wie ein Fremder in seinem eigenen Leben.

Von allen guten Geistern verlassen erschien Rourke im dritten Film: *Wilde Orchidee* (1989). Daß der Star in

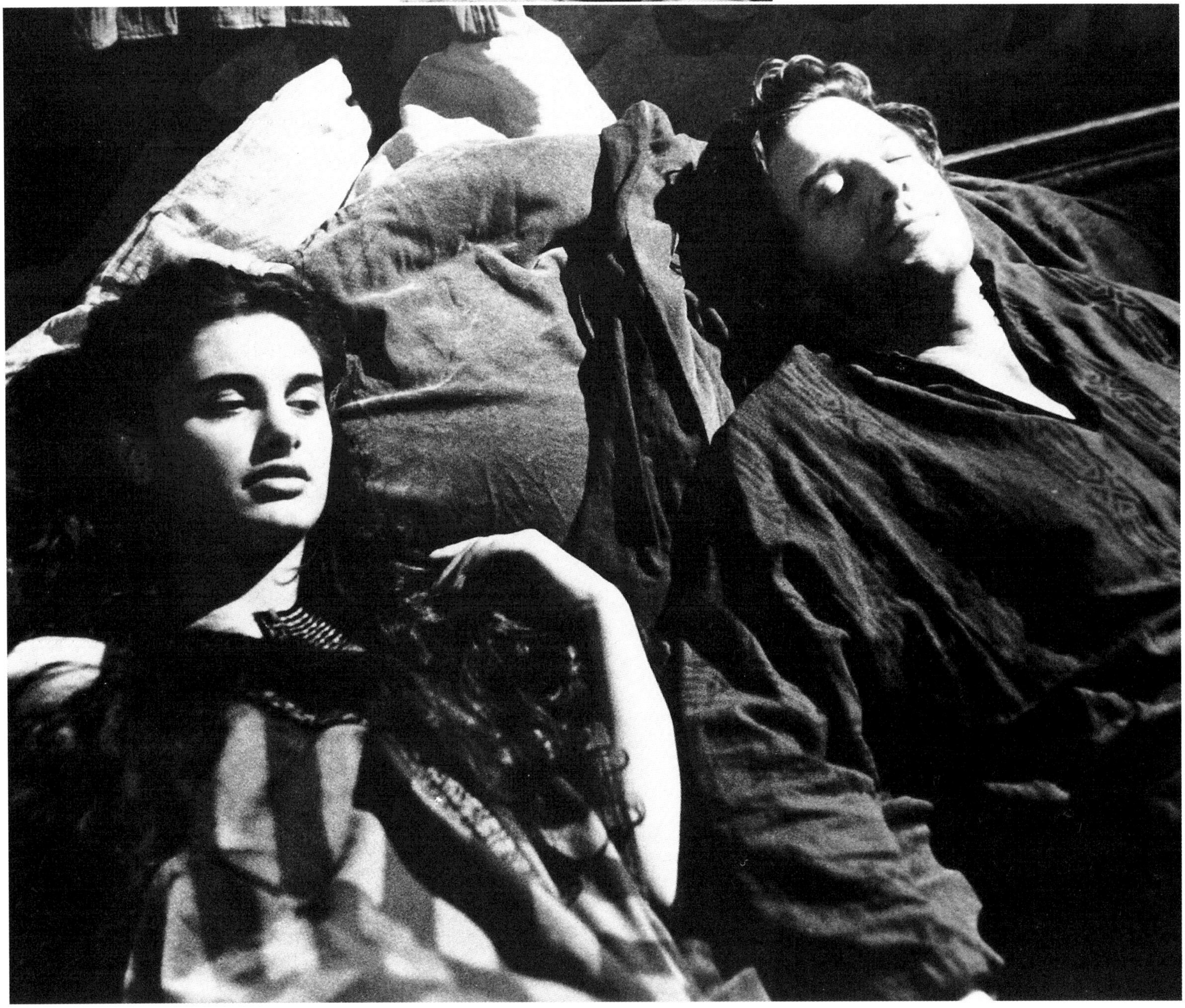

den Bildern, die Kameramann Gale Tattersall von ihm aufnahm, aussieht, als habe er vereiterte Backenzähne, ist nicht weiter schlimm, denn seine bezaubernde Partnerin Carré Otis macht seinen Mangel an Schönheit doppelt wett. Aber das Lichtspiel verärgert, weil es langweilig ist. Und das ist das Schlimmste, was man von einem Film sagen kann, der in Rio spielt und Rourke zum Star hat.

Vielleicht hoffte der Schauspieler, ein paar schöne Wochen am Strand der Copacabana verbringen zu können, und stieg deshalb bei dem Projekt von Zalman King ein, mit dessen Arbeit als Drehbuchautor er bei *9 1/2 Wochen* sehr zufrieden war. Eine andere Erklärung als die, cool und braungebrannt auf seiner Harley Davidson am Strand entlangdüsen und abends Cocktails schlürfen zu wollen, kann es nicht geben.

Die lächerliche Psycho-Lovestory beginnt in Rio, und gleich die erste Aufnahme von der Metropole zeigt, wo es in diesem Machwerk langgeht: Mehrmals umkreist die in einem Flugzeug positionierte Kamera die berühmte Jesus-Statue am Zuckerhut. Ein bis zum Überdruß ausgequetschtes touristisches Motiv – aber Zalman King und Gale Tattersall lieben die platten Postkartenbilder.

Rourke spielt einen einst armen, dann aufgestiegenen, inzwischen su-

Rourke als »schöner Johnny« geht einem Gegner an die Kehle

perreichen und – deshalb – impotenten Kerl, der alle Raffinessen des Lebens zu kennen scheint und seine Lust darin findet, andere für sich lieben zu lassen. Da kommt ihm die naive, großformatige Schönheit Carré Otis gerade recht, die ihm deren Chefin Jacqueline Bisset aus durchsichtigen Gründen in die Hände treibt: Sie ist seine Geschäftskonkurrentin. Und auch seine abgeblitzte Geliebte.

Doch es zeigt sich, daß dieser Mann »nicht kann«. Und erst am Ende, nach viel Brandung am Meer, schönsten Touristikpostkarten vom brasilianischen Hinterland, pausenlosem Lambada und selbstverständlich Karneval in Rio, gelingt es seiner schönen Angebeteten, ihn von seinem Männer-Fluch zu befreien. Daraufhin fahren beide mit dem Hochlenker- Motorrad spazieren . . .

Rourke scheint die Sinnlosigkeit seiner Rolle rasch erkannt zu haben. Aber er findet keine andere Strategie, als hilflos zwischen seinem abwesend-existentialistischen Lächeln aus *Rumble Fish* und seinem impertinenten Besitzergrinsen aus *9 1/2 Wochen* hin und her zu pendeln. Jede andere mimische Anstrengung hätte die Figur Wheeler, die er darstellt, auch hoffnungslos überfrachtet. Selten sah man einen Star eine derart unglaubwürdige Rolle interpretieren. Rourke konnte einem leid tun.

Ein schönes PR-Foto von Rourke anläßlich seines Films »Wilde Orchidee«, in dem er oft nicht besonders vorteilhaft zur Geltung kam

Der Geruch der Straße

Im Lauf seiner Karriere hat Mickey Rourke genug Gelegenheit gehabt, sich seine Probleme vom Leib zu spielen, seine verkorkste Jugend in Miami, seine verpatzten Freundschaften, das unbefriedigende Familienleben.

Der Star, der den Ruf genießt, jede Herausforderung anzunehmen, führt ein angenehmes Leben in New York und Hollywood, besucht seine Freunde, trinkt, reist, liebt. In Beverly Hills besitzt er inzwischen eine Kneipe, die wie von selbst läuft. Auf L.A.-Partys ist er selten zu sehen. Öfter dagegen beim Harley-Davidson-Ritt mit seinen verehrten Bikers, allen voran Chuck Zito, einem der führenden »Hell's Angels« von New York. Oder mit Lenny Termo, dem Wikinger, der ihm den Psychiater ersetzt. »Jeder Mensch braucht so einen Lenny Termo«, verriet Rourke dem Journalisten Elmar Biebl, »aber es gibt nur einen, und ich hab' ihn.«

Mickey Rourke liebt die Straße – und die Straße liebt ihn. Unterwegssein – das ist seine Sache. Dafür würde er glatt einen Drei-Millionen-Dollar-Vertrag sausenlassen – so viel ist er nämlich heute, im Jahr 1990, in Hollywood pro Film wert. Die Straße ist für den Star mehr als eine Verbindungslinie zwischen zwei Orten. Sie scheint ihm bei seinen Ausbruchsversuchen immer aufs neue zu beweisen, daß er nirgendwo zu Hause ist.

Vielleicht sucht er immer noch nach seinem Vater, den er erst zu spät richtig kennenlernte – und dann sogleich wieder verlor.

Linke Seite: Mickey Rourke, immer wieder in Aufbruchstimmung. Der Star liebt das Unterwegssein, die Straße, die wilden Motorrad-Ritte mit seinen Biker-Freunden

Filmographie

Erklärung der Abkürzungen
R: Regie
B: Buch
K: Kamera
M: Musik
Schn: Schnitt
sw: schwarzweiß

Zwei Männer-ein Ziel:
Ganz nach oben und niemand neben uns.
DER PATE VON GREENWICH VILLAGE
UNITED ARTISTS zeigt Eine KOCH-KIRKWOOD Produktion Einen STUART ROSENBERG Film
DER PATE VON GREENWICH VILLAGE (Village Dreams)
mit ERIC ROBERTS · MICKEY ROURKE · DARYL HANNAH · GERALDINE PAGE · KENNETH McMILLAN
und BURT YOUNG Musik DAVE GRUSIN Production Designer PAUL SYLBERT Kamera JOHN BAILEY
Drehbuch VINCENT PATRICK Nach dem Roman von VINCENT PATRICK
Produktion GENE KIRKWOOD Regie STUART ROSENBERG
Ein Film der MGM/UA Entertainment Co. im Verleih der UIP © 1984 United Artists Corporation

1941 – Wo, bitte, geht's nach Hollywood?/ 1941
USA 1979. 118 Min. R: Steven Spielberg. B: Robert Zmeckis, Bob Gale, nach einer Story von Zemeckis, Bob Gale und John Milius. K: William Fraker. M: John Williams. Schn: Howard Terril.
Darsteller: Dan Aykroyd (Sergeant Tree), Ned Beatty (Ward Douglas), John Belushi (Kelso), Lorraine Gary (Joan Douglas), Mickey Rourke.
Zwar agierte Mickey Rourke bei den Dreharbeiten zu diesem Film vor der Kamera, ist aber im fertigen Werk nirgends zu entdecken.

Heaven's Gate
USA 1979/80, 225 Min. R: Michael Cimino. B: Cimino. K: Vilmos Zsigmond. M: David Mansfield. Schn: Tom Rolf, William Reynolds, Lisa Fruchtman, Gerald Greenberg.
Darsteller: Kris Kristoffersen (James Averill), Isabelle Huppert (Ella Watson), Christopher Walken (Nathan D. Champion), John Hurt (William C. Irvine), Sam Waterston (Frank Canton), Joseph Cotten, Jeff Bridges, Mickey Rourke (Nick Ray).
Mickey Rourke spielte in einem zweiminütigen Auftritt einen Cowboy. Leider fiel die Szene am Ende dem Schnitt zum Opfer. Nur in der selten gezeigten ursprünglichen Fassung ist er zu sehen.

City in Fear
USA 1979. Fernsehfilm. 150 Min. R. Allan Smithee (Pseudonym für Jud Taylor). B: Albert Ruben. K: John Bailey. M: Leonard Roseman.
Darsteller: David Janssen, Robert Vaughn, Perry King, William Prince, Susan Sullivan, William Daniels, Mickey Rourke.
Ein abgewrackter Journalist wird von seinem sensationsgeilen Verleger gezwungen, einen Mörder umsatzfördernd zu einem Helden umzudeuten.

Act of Love
USA 1980. Fernsehfilm. R: Jud Taylor. B: Michael de Guzman, nach dem Roman von Paige Mitchell. K: Michael D. Margulies. M: Billy Goldenberg.
Darsteller: Ron Howard, Robert Foxworth, Mickey Rourke.
Mickey Rourke spielt einen gelähmten Motorradfahrer, der seinen Bruder dazu bringt, ihn zu töten. Nach der aus Mitleid begangenen Tat wird dem Bruder der Prozeß gemacht.

*Verhängnisvolle Leidenschaft/*Rape and Marriage: The Rideout Case
USA 1980. Fernsehfilm. 96 Min. R: Peter Levin. B: Hesper Anderson (nach einem authentischen Fall). K: Robert Caramico. M: Gil Mellé. Schn: Howard Terrill.
Darsteller: Mickey Rourke (John Rideout), Linda Hamilton (Greta Rideout), Rip Torn (Charlie Bird), Eugène Roche, Conchata Ferrel, Gail Strickland, Bonnie Bartlett, Richard Venture.
Mickey Rourke als John Rideout lebt scheinbar zufrieden mit seiner jungen Frau Greta und ihrem Kind in einer kleinen Wohnung zusammen. John liebt Greta, überschätzt aber die problemlösende Wirkung des Sex. Er ist ein ganz normaler Macho der Arbeiterklasse, der seine Frau für seinen Privatbesitz hält. Als sie eines Tages ihren »Pflichten« nicht nachkommen will, schlägt und vergewaltigt er sie. Sie bringt ihn vor Gericht. Der Prozeß endet mit seinem Freispruch. Dennoch wird danach im Bundesstaat Oregan ein Gesetz verabschiedet, das Vergewaltigung in der Ehe unter Strafe stellt.

*Die schönen Morde des Eric Binford/*Fade to Black
USA 1980. 100 Min. R: Vernon Zimmerman. B: Zimmerman. K: Alex Phillips jr. Schn: James Mitchell, Howard Kunin.

Darsteller: Dennis Christopher (Binford), Linda Kerridge (Merilyn), Tim Thomerson (Dr. Moriarty), Morgan Paull (Gary), Mickey Rourke (Richie).
Mickey Rourke tritt in zwei kurzen Szenen als Angestellter einer Filmfirma auf, ehe er von dem Titelhelden umgebracht wird. Dieser identifiziert sich total mit seinen Filmidolen, geht völlig in der Traumwelt des Kinos auf. Der kleine und einsame Held flüchtet sich in die Anhimmelung seiner großen Idole, schlüpft in ihre Masken und ermordet seine Alltagspeiniger.

Eine heißkalte Frau/Heißblütig – Kaltblütig/ Body Heat
USA 1981. 113 Min. R: Lawrence Kasdan. B: Kasdan. K: Richard H. Kline. M: John Barry. Schn: Carol Littleton.
Darsteller: William Hurt (Ned Racine), Kathleen Turner (Matty), Richard Crenna (Edmund Walker), Ted Danson (Lowenstein), J. A. Preston (Oscar Grace), Mickey Rourke (Teddy Lewis).
Mickey Rourke als Brandstifter und Kleinkrimineller in einer winzigen Nebenrolle. Die Hauptrollen spielen ein harmloser Anwalt (Hurt) und eine raffinierte Frau (Turner), die mit diesem wie auf einem Instrument spielt, um einen kaltblütigen Mord vorzubereiten.

Diner
USA 1982: 110 Min. R: Barry Levinson. B: Barry Levinson. K: Peter Sova. M: Bruce Brody, Ivan Kral (und Oldies aus den Fünfzigern). Schn: Stu Linder.
Darsteller: Mickey Rourke (Robert »Boogie« Sheftell), Steve Guttenberg (Eddie), Daniel Stern (Shrevie), Ellen Barkin (Beth), Kevin Bacon (Fenwick), Timothy Daly (Billy), Paul Reiser (Modell), Kathryn Dowling (Barbara), Kelle Kipp (Diane).
Mickey Rourke als »Boogie« trifft sich mit seinen Freunden nachts im »Diner«. Hier bereden sie, was ihnen in den Sinn kommt. Und Boogie kann seine Wetten abschließen, mit denen er sein Haushaltsgeld auffrischt. Oder auch nicht. Denn kürzlich hat er sich Wettschulden von zweitausend Dollar eingehandelt, die sein Gläubiger jetzt unerbittlich einklagt. Nach einigen Affären, Erfahrungen, Abenteuern heiratet einer aus der Clique, Eddie. Damit ist nichts mehr so, wie es war. Auch Boogie hat sich verändert.

Eureka
USA 1983. 124 Min. R: Nicolas Roeg. B: Paul Mayersberg, nach dem Roman »Who Killed Sr. Harry Oakes?« von Marshall Houts. K: Alex Thomson. M: Stanley Myers. Schn: Tony Lawson.
Darsteller: Gene Hackman (Jack McCann), Theresa Russel (Tracy van Horn), Rutger Hauer (Claude van Horn), Mickey Rourke (Aurelio d'Amato), Jane Lapotaire (Helen McCann), Ed Lauter (Charles Perkins), Joe Pesci (Mayakofsky), Cavan Kendall (Pierre de Valois).
Mickey Rourke in einer Nebenrolle als Anwalt der Mafia. Er vertritt den größenwahnsinnigen Mayakofsky, der an das Geld, den Besitz und Boden seines großen Konkurrenten Jack McCann herankommen will, der 1925 Gold fand und nun zu den reichsten Männern der Welt zählt. Da McCann sich weigert, Geschäfte abzuschließen, wird er schließlich bestialisch ermordet, wobei d'Amato selbst mit Hand anlegt. Beschuldigt wird der Schwiegersohn von McCann, der vor Gericht jedoch freigesprochen, allerdings des Landes verwiesen wird.

Rumble Fish
USA 1984. 94 Min. sw. R: Francis Ford Coppola. B: Francis Ford Coppola, S. E. Hinton, nach dem gleichnamigen Roman von S. E. Hinton. K: Stephen H. Burum. M: Stewart Copeland. Schn: Barry Malkin.
Darsteller: Matt Dillon (Rusty James), Mikkey Rourke (Motorcycle Boy), Diane Lane (Patty), Dennis Hopper (Vater), Diana Scarwid (Cassandra), Nicolas Cage (Smokey), Vincent Spano (Steve), Christopher Penn (B. J. Jackson), Larry Fishburne (Midget), William Smith (Polizist), Tom Waits (Benny), S. E. Hinton (Hooker).
Mickey Rourke als Motorcycle Boy kehrt von seinem Kalifornien-Trip zurück. Im richtigen Moment, denn sein jüngerer Bruder Rusty James, der nicht wahrhaben will, daß die Zeit der großen Halbstarken-Banden vorbei ist, sitzt wieder einmal im Schlamassel. Der Motorcycle Boy ist in seinem Viertel bereits eine Legende, er hat vor einiger Zeit die Schlachten der Streetfighter beendet. Jetzt sucht der halbtaube und farbenblinde Underdog, der in Kalifornien seine vermißte Mutter traf und in seinem Alltag mit dem Dreck des Kiezes, dem saufenden Vater und dem tumben Bruder nicht zurechtkommt, einen neuen Sinn in seinem Leben. Da er ihn nicht findet, macht er Schluß: Er raubt siamesische Kampffische aus einer Zoohandlung, um herauszufinden, ob diese, in die Freiheit des Flusses entlassen, sich immer noch gegenseitig zerfleischen, und bietet damit dem haßerfüllten Polizisten Patterson die langersehnte Gelegenheit, ihn zu erschießen.

*Der Pate von Greenwich Village/*The Pope of Greenwich Village/Village Dreams
USA 1983. 121 Min. R: Stuart Rosenberg. B: Vincent Patrick, nach seinem Roman. K: John Bailey. M: Dave Grusin. Schn: Robert Brown.
Darsteller: Eric Robert (Paulie), Mickey Rourke (Charlie Moran), Daryl Hannah (Diane), Geraldine Page (Mrs. Ritter), Kenneth McMillan (Barney).
Mickey Rourke als Kleinganove. In Little Italy angesiedelt, erzählt der Film von dem Versuch zweier halbseidener Möchtegern-

»Von Zeit zu Zeit gibt es Filme, die man nie vergißt.«
MICKEY ROURKE · ROBERT DE NIRO
R. CASARO 87
ANGEL HEART
MARIO KASSAR und ANDREW VAJNA präsentieren einen Film von ALAN PARKER
mit MICKEY ROURKE · ROBERT DE NIRO · LISA BONET · CHARLOTTE RAMPLING · Musik TREVOR JONES
Kamera MICHAEL SERESIN · Executive Producers MARIO KASSAR und ANDREW VAJNA
nach dem gleichnamigen Roman von WILLIAM HJORTSBERG · Buch ALAN PARKER
Produziert von ALAN MARSHALL und ELLIOTT KASTNER · Regie ALAN PARKER
DOLBY STEREO
IN BESTIMMTEN KINOS
Originalsoundtrack im Vertrieb der ARIOLA ans · Buch zum Film BASTEI-LÜBBE
Verleih

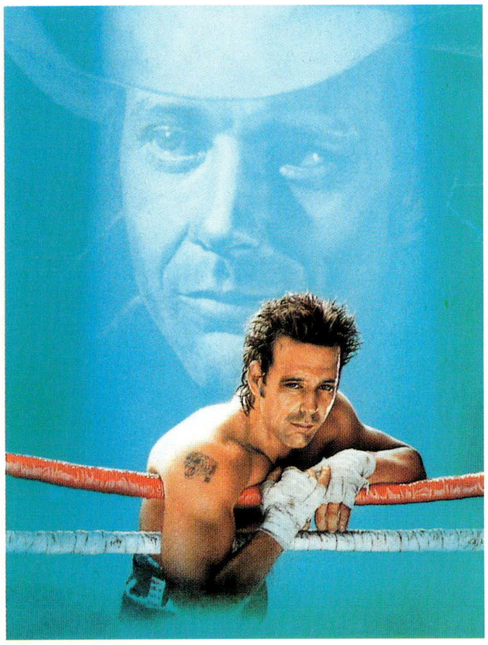

Unterweltler, einmal das große Geld zu erbeuten. Dabei kommen sie der Mafia in die Quere, und aus dem cleveren Coup wird das große Ding. Gejagt von allen Seiten, versuchen sie am Rand des Abgrunds ihr Gesicht zu wahren und ihre Haut zu retten.

Im Jahr des Drachen/Manhattan Massaker/Year of the Dragon
USA 1985. 134 Min. R: Michael Cimino. B: Oliver Stone, Michael Cimino, nach dem Roman »Year of the Dragon« von Robert Daley, K: Alex Thomson. M: David Mansfield. Schn: Françoise Bonnot.
Darsteller: Mickey Rourke (Captain Stanley White), John Lone (Joey Tai), Ariane (Tracy Tzu), Leonard Termo (Angelo Rizzo), Ray Barry (Louis Bukowski), Caroline Kava (Connie White), Eddie Jones (William McKenna), Joey Chin (Ronnie Chang), Victor Wong (Harry Yung), Pao Han Lin (Fred Hung).
Mickey Rourke als in Chinatown eingesetzter Captain der New Yorker Polizei beginnt einen Feldzug gegen die Bosse der chinesischen Mafia. Seine Vorgesetzten haben dafür wenig Verständnis, denn die Behörden haben sich mit den Chinesen, die dafür Dollars lockermachen, arrangiert und bekämpfen nur die kleinen Straßengangs. White will hart durchgreifen und vor allem die Drogengeschäfte beenden. In der TV- Journalistin Tracy findet er eine publizistische Mitstreiterin. Sein erbarmungsloser Kampf in Chinatown führt zum gewaltsamen Tod mehrerer Menschen, u. a. seiner Ehefrau. Am Ende wird White vom Dienst suspendiert, kann aber einen der Bosse überführen.

9 1/2 Wochen / 9 1/2 Weeks
USA 1985. 117 Min. R: Adrian Lyne. B: Patricia Knop, Zalman King, Sarah Kernochan (nach dem gleichnamigen Roman von Elizabeth McNeill): K: Peter Biziou. M: Jack Nitzsche. Schn: Tom Rolf, Caroline Biggerstaff.
Darsteller: Mickey Rourke (John), Kim Basinger (Elizabeth), Margret Whitton (Molly), Karen Young (Sue), David Margulies (Harvey), Christine Baranski (Thea).
Mickey Rourke als Devisenmakler John ist auf der Suche nach einem erotischen Objekt und findet es in der Kunstgalerie-Angestellten Elizabeth. John, der in einer eiskalten High-Tech-Welt lebt, reduziert die liebebedürftige Frau auf ein willenloses Objekt seiner voyeuristischen und softsadistischen Begierden und ist deshalb am Ende unfähig, seine eigene Abhängigkeit und seine Liebe zu Elizabeth einzugestehen. Der zwanghaft oral fixierte Erotomane mit dem jungenhaften Outfit bleibt eingeschlossen in seiner Wallstreet-Welt zurück.

Angel Heart
USA 1987. 113 Minuten. R: Alan Parker. B: Alan Parker, nach dem Roman »Falling Angel« von William Hjortsberg. K: Michael Seresin. M: Trevor Jones. Schn: Gerry Hambling.
Darsteller: Mickey Rourke (Harry Angel), Robert De Niro (Louis Cyphre), Lisa Bonet (Epiphany Proudfoot), Charlotte Rampling (Margaret Krusemark), Stocker Fontelieu (Ethan Krusemark), Brownie McGhee (Toots Sweet), Michael Higgins (Fowler), Elizabeth Whitcraft (Connie), Eliott Keener (Sterne).
Mickey Rourke als New Yorker Privatdetektiv Harry Angel wird eines Tages in eine Recherche nach einem Verschwundenen verwickelt. Sein Auftraggeber bietet ihm fünftausend Dollar, wenn er einen gewissen Johnny Favorite findet. Im Lauf der Ereignisse bleiben jede Menge Leichen liegen, und Angel begreift ganz langsam, daß er selbst ein Mörder ist. Doch erst am Ende kommt die Gewißheit: Er ist auch der gesuchte Favorite, der als aufsteigender Schlagersänger in den vierziger Jahren mit dem Leibhaftigen einen Vertrag abschloß und dann versuchte, diesen einseitig außer Kraft zu setzen. Jetzt kommt Mephisto in Gestalt seines Auftraggebers zurück und zieht Angel mit sich in die Hölle.

Auf den Schwingen des Todes/Prayer for the Dying
Großbritannien 1987. 108 Min. R: Mike Hodges. B: Edmund Ward (nach einer Erzählung von Jack Higgins). K: Mike Garfath. M: Bill Conti. Schn: Peter Boyle.
Darsteller: Mickey Rourke (Martin Fallon), Bob Hoskins (Pater Da Costa), Alan Bates (Jack Meehan), Sammi Davis (Anna), Christopher Fulford (Billy), Liam Neeson (Liam Docherty), Alison Doody (Siobhan), Camille Coduri (Jenny), Maurice O'Connell (Miller), Karl Johnson (Fitzgerald), Ian Bartholomew (Kristow).
Mickey Rourke als IRA-Terrorist Martin Fallon sieht mit an, wie bei einem Attentat versehentlich ein Schulbus mit Kindern in die Luft gesprengt wird. Er bezweifelt daraufhin, ob es sinnvoll ist, mit Terror gegen die englische Besatzungsmacht zu kämpfen, und will aussteigen. Damit gerät er zwischen die Fronten, denn neben den englischen Sicherheitsorganen suchen ihn jetzt auch die eigenen Gesinnungsgenossen.
In London hofft er, falsche Papiere für die Ausreise zu bekommen, gerät jedoch von einem Hinterhalt in den anderen. Der Gangsterboß Meehan überredet ihn mit Druck, einen letzten Mord zu begehen. Fallon willigt ein. Als er einen korrupten Geschäftsmann erschießt, an dessen Stelle Meehan treten will, wird ein Priester Zeuge des Mordes.
Zwischen Fallon und Pater Da Costa entwickelt sich eine spröde, aber intensive Vater-Sohn-Beziehung. Mit Anna, der blinden Enkelin des Geistlichen, erlebt der müde Terrorist eine letzte Liebesbeziehung, bevor

er bei dem Versuch, einen Mordanschlag der Gangster zu verhindern, ums Leben kommt.

Barfly – Szenen eines wüsten Lebens/Barfly
USA 1987. 103 Min. R: Barbet Schroeder. B: Charles Bukowski. K: Robby Müller. M: Mozart, Skrjabin, Händel, Beethoven, Mahler. Schn: Eva Gardos.
Darsteller: Mickey Rourke (Henry Chinaski), Faye Dunaway (Wanda Wilcox), Alice Krige (Tully Sorenson), Jack Nance (Detektiv), Frank Stallone (Eddie), J. C. Quinn (Jim), Sandy Martin (Janice), Roberta Bassin (Lilly), Joe Rice (Alter Barbesucher), Joe Unger (Ben).
Mickey Rourke als Henry Chinaski lebt vom Schnorren und kleinen Jobs. Seine Lieblingsbeschäftigung ist Trinken. Nebenbei schreibt er Gedichte und Kurzgeschichten. Eines Tages lernt er die Trinkerin Wanda kennen, und eine Freundschaft beginnt, die zur Liebe wird. Henry erlebt Höhen und Tiefen und hat schließlich Erfolg bei einem Verlag. Doch er trinkt weiter.

Homeboy
USA 1988. 116 Min. R: Michael Seresin. B: Eddie Cook, nach einem Originalstoff von Mickey Rourke. K: Gale Tattersall. M: Eric Clapton, Michael Kamen. Schn: Ray Lovejoy.
Darsteller: Mickey Rourke (Johnny Walker), Christopher Walken (Wesley Pendergrass), Debra Feuer (Ruby), Thomas Quinn (Lou), Kevin Conway (Grazziano), Anthony Alda (Ray), John Polito (Moe Fingers).
Mickey Rourke als abgehalfterter Boxprofi Johnny Walker. Dieser Mann lernt mitten im Abstieg einen erfolglosen Nachtklub-Entertainer kennen. Wesley träumt vom großen Coup und überredet Walker, mit ihm gemeinsame Sache bei einem Überfall zu machen.
Wesley beginnt, Walker aufzubauen. Als er auch noch Ruby, die Besitzerin eines winzigen Ponyzirkus, kennenlernt, die schwer um ihre Existenz kämpft, beschließt Walker, des Geldes wegen ein Comeback zu versuchen – obwohl er gesundheitlich bereits ruiniert ist.
Walker trainiert verbissen, und Wesley bereitet seinen Überfall vor. Walkers letzter Fight gegen einen Champion beginnt und ebenso Wesleys Coup. Beides geht schief.

Franziskus/Francesco
BRD/Italien. 134 Min. R: Liliana Cavani. B: Cavani, Roberta Mazzoni. K: Giuseppe Lanci, Ennio Guarnieri. M: Vangelis. Schn: Gabriella Cristiani.
Darsteller: Mickey Rourke (Franziskus), Helena Bonham Carter (Klara), Paolo Bonacelli (Vater), Andrea Ferreol (Mutter), Nikolaus Dutsch (Kardinal Colonna), Peter Berling (Bischof Guido), Hanns Zischler (Papst).

Mickey Rourke als heiliger Franz von Assisi.
Der Film beginnt 1226, nach seinem Tod. Einige seiner Jünger berichten von ihren Begegnungen mit dem gläubigen Mann.
Francesco wird als Sohn eines reichen Geschäftsmannes geboren, lebt in Luxus und zieht in den Krieg. In der Gefangenschaft beginnt seine Läuterung. Fortan will er sein Leben den Armen und Leidenden widmen. Sein Vater ist entsetzt und verklagt ihn. Der Sohn gründet einen asketischen Männerorden mit neuen Regeln. Schließlich zieht er sich in die Einsamkeit zurück und hat dort eine Begegnung mit Gott, die ihn stigmatisiert.

Johnny Handsome
USA 1989. 95 Min. R: Walter Hill. B: Ken Friedman, nach »The Three Worlds of Johnny Handsome« von John Godey. K: Mat-

thew F. Leonetti. M: Ry Cooder. Schn: Freeman Davis.
Darsteller: Mickey Rourke (John Sedley), Ellen Barkin (Sunny Boyd), Elisabeth McGovern (Donna McCarty), Morgan Freeman (Drones), Forest Whitaker (Dr. Resher), Lane Henriksen (Rafe Garrett), Scott Wilson (Mikey Chalmette):
Mickey Rourke als Mann, der ein Doppelleben führt: Der von einer Krankheit entstellte John Sedley wird bei einem Raub geschnappt, sein Kumpel stirbt, die Verräter entkommen, Sedley landet im Gefängnis.
Er sinnt auf Rache. Die Geschichte einer langsamen Abrechnung beginnt. Sedley unterzieht sich einer Operation und schlüpft in eine neue Identität. Er nimmt die Spur seiner ehemaligen Komplizen auf, dabei wird er von einem Polizisten verfolgt, der ihn durchschaut. Am Ende ist alles abgeklärt, Johnny kann seinen Rachefeldzug abschließen und seinen Frieden mit sich selbst machen.

Wilde Orchidee/Wild Orchid
USA 1989. 92 Min. R: Zalman King. B: King, Patricia Louisiana Knop. K: Gale Tattersall. M: Geoff MacCormack, Simon Goldenberg.
Darsteller: Mickey Rourke (Wheeler), Carré Otis (Emily), Jacqueline Bisset (Claudia), Assumpta Serna (Hanna), Oleg Vidov (Otto).
Mickey Rourke als geheimnisvoller, aber impotenter Geschäftsmann. Diesem Mann begegnet in Rio die karrierebewußte Unschuld vom Lande Emily. Sie hat ihre neue Chefin, die in Brasilien dicke Geschäfte macht, dorthin begleitet. Emily wird von ihrer Chefin allein gelassen und von Wheeler in die Geheimnisse des süßen Lebens Südamerikas eingeführt, wie weiland Emanuelle in die erotischen Rätsel Thailands.
Wheeler, der einst arme, inzwischen aufgestiegene und nun – dadurch – impotente Chauvie, ist von Emily fasziniert, kann sie jedoch nicht berühren. Erst am Ende, nach vielen Cocktails an der Copacabana und erotischen Spielen während des Karnevals in Rio, bringt Emily Wheeler dazu, seine emotionalen Blockaden zu überwinden.